Gerd Cichlinski

Kinder entdecken Erich Kästner

Eine kreative Spurensuche für Kinder ab 9 Jahren

Auer Verlag GmbH

Gedruckt auf umweltbewusst gefertigtem, chlorfrei gebleichtem
und alterungsbeständigem Papier.

1. Auflage. 2005
© by Auer Verlag GmbH, Donauwörth
Alle Rechte vorbehalten
Das Werk und seine Teile sind urheberrechtlich geschützt. Jede Nutzung in anderen als den gesetzlich
zugelassenen Fällen bedarf der vorherigen schriftlichen Einwilligung des Verlages. Hinweis zu § 52 a UrhG:
Weder das Werk noch seine Teile dürfen ohne eine solche Einwilligung eingescannt und in ein Netzwerk
eingestellt werden. Dies gilt auch für Intranets von Schulen und sonstigen Bildungseinrichtungen.
Illustrationen: Peter Friedl
Gesamtherstellung: Ludwig Auer GmbH, Donauwörth
ISBN 3-403-04441-6

Inhalt

Vorwort 5

I. Methodisch-didaktische Überlegungen 6

   1. Zielsetzungen 7
   2. Organisation 8
   3. Methodische Möglichkeiten 9
   4. Durchführung 11
   5. Präsentation der Ergebnisse 14

II. Materialien 15

1. Als ich ein kleiner Junge war 15
   „Als ich ein kleiner Junge war" (1) – Text 19
   „Als ich ein kleiner Junge war" (2) – Rätsel 21
   Das Leben Kästners (1) – Bilddokumente 22
   Das Leben Kästners (2) – Bilddokumente 23
   „Als ich ein kleiner Junge war" (3) 24
   Das Leben Kästners (3) – persönliche Lebensdaten 25
   Das Leben Kästners (4) – Auswahl seiner Werke und Verfilmungen 26

2. Mit Kästner schreiben – spielen – sprechen 27
   Kästner-Elfchen 31
   Als der Nikolaus kam 32
   Arno schwimmt Weltrekord 33
   Das verhexte Telefon 34
   Der Preisboxer 35
   Fauler Zauber 36
   Ferdinand saugt Staub 37
   Kicherfritzen 38
   Übermut tut selten gut 39
   Weltreise durchs Zimmer 40
   Sprüche und Weisheiten 41

3. Mit Kästner lesen und schreiben 42
   Der gestiefelte Kater macht ganze Arbeit 46
   Münchhausen: Zwei Jagdabenteuer von Münchhausen 47
   Der Ritt auf der Kanonenkugel 48
   Die Schildbürger: Erziehung in einem Tag oder gar nicht 49
   Till Eulenspiegel: Wie Eulenspiegel einem Esel das Lesen beibrachte 50

4. Gestalten mit Kästner ... 51
Türschild ... 53
Bilderbuch oder Karte mit beweglichen Teilen ... 53
Bastelanleitung „Hexentreppe" ... 53
Bildergeschichtenkino ... 54
Gestaltung mit Schrift – Plakatgestaltung ... 55
Bastelanleitung „Münchhausen" ... 55
Lesezeichen ... 56
Kästner-Puzzle ... 57

5. Erich Kästners Medienkiste ... 58
1. Audioarbeit ... 58
2. Computer-Multimediaarbeit ... 59
3. Filmanalyse ... 61
Zwei praktische Anregungen für die Durchführung von zwei Filmprojekten ... 65

6. Lernspiele rund um Kästner ... 71
Das große Erich-Kästner-Würfelspiel ... 72
Das Kästner-Kreuzworträtsel ... 73
Das große Kästner-Quiz (1) ... 74
Das große Kästner-Quiz (2) ... 75

7. Zusatzmaterial ... 76
1. Musik für das Kästner-Projekt ... 76
2. Arbeitsplan und Plakat ... 78

8. Die Konferenz der Tiere – ein Leseprojekt ... 80
50 Quizfragen ... 104
50 Quizfragen (Lösungen) ... 106
Lösungen zu den einzelnen Kapiteln ... 108

III. Anhang ... 113

Vorwort

„Es gibt nichts Gutes, außer man tut es."

Erich Kästner hat neben seinen bekannten Kinder- und Jugendbüchern auch Gedichte, Geschichten und Lebensweisheiten geschrieben, die von Schülerinnen und Schülern jeglichen Alters nachempfunden und verstanden werden können.

Das Arbeitsheft gibt zunächst einen Überblick über die methodisch-didaktischen Vorüberlegungen (generelle Zielsetzung, Organisation, methodische Möglichkeiten, Arbeitsaufträge, Durchführung). Die Kapitel mit den Lernmaterialien gliedern sich in verschiedene Schwerpunkte. Sie beinhalten jeweils einen kurzen Kommentar (Inhalt, Lernziele, benötigte Materialien, Hinweise für die Praxis, manchmal Querverweise zu anderen Kapiteln und Stundenentwürfe) sowie Kopiervorlagen mit konkreten Arbeitsaufträgen (und Tipps für die Schüler/-innen) und eine Ideenkiste mit weiteren Vorschlägen. Einen breiten Raum nimmt der Bereich der rezeptiven und produktiven Medienarbeit ein. Zu dem Buch „Die Konferenz der Tiere" liegt ein Lesebegleiter mit vielfältigen Materialien vor.

Die grundsätzliche Intention des hier in diesem Band aufgezeigten handlungs- und produktionsorientierten Unterrichts besteht in der Verknüpfung einzelner Lernbereiche des Deutschunterrichts (Lesen, Schreiben, Spielen und Sprechen). Es werden außerdem medienerzieherische Aspekte und die Fächer Bildende Kunst, Geschichte und Musik eingebunden.

Die Materialien stellen ein Angebot dar, das innerhalb eines projektorientierten, fächerübergreifenden, aber auch traditionellen Unterrichts umgesetzt werden kann. Grundsätzlich sollen die Lernenden in der selbstständigen Erarbeitung der Inhalte und Methoden gefördert werden. Sie sollen das Leben und Wirken des Autors Erich Kästner nachvollziehen und eine eigene Beziehung zu ihm und seinen Texten aufbauen können.

Aus der Vielzahl der Kästner-Texte wurde eine Auswahl getroffen, die sich an den folgenden Kriterien orientiert:
− Sind die Texte vom Inhalt und von der Sprache her so kindgemäß, dass ein selbstständiges Erarbeiten möglich ist?
− Motivieren sie die Kinder, sich handlungs- und produktionsorientiert mit ihnen auseinander zu setzen?
− Wo kann rezeptive und produktive Medienarbeit einbezogen werden?

Weiterhin können innerhalb dieser Unterrichtseinheit auch reguläre schriftliche Leistungsbeiträge (Diktat und Textproduktion) erstellt werden.
Ich danke der Klasse 4b der GS Oberdorf Koblenz und ihrer Klassenlehrerin Frau Wilke, die sich auf mein Kästner-Projekt einließen und mit viel Engagement und Freude halfen, dieses Unterrichtskonzept zu verwirklichen. Gemäß dem Motto:

„Lasst euch die Kindheit nicht austreiben!"

I. Methodisch-didaktische Überlegungen

In den Lehrplänen, Bildungsstandards und Handreichungen für den Deutschunterricht wird vom *Umgehen mit Texten* gesprochen. Beim Lesen erfolgt zwischen dem Lernenden und dem Text ein Austausch, der im kognitiven und affektiven Bereich zum Verstehen führt. „Der Text macht Angebote zur Begriffs- und Vorstellungsbildung und die Leserinnen und Leser bringen das, was sie schon wissen, denken oder fühlen, sozusagen zum Text hinzu."[1]
Umgehen mit Texten bedeutet also, dass zwischen Leser und Text sowie zwischen Leser und Leser über den Text kommuniziert wird. Dazu bieten sich die verschiedenen Lernbereiche des Deutschunterrichts an:

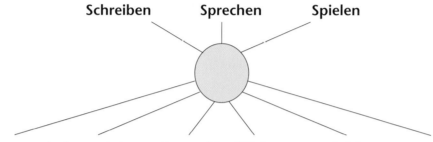

erschließen, analysieren, interpretieren, identifizieren, vergleichen, zusammenfassen, aktualisieren, inszenieren, verfremden, in ein anderes Medium transponieren

Welche der Textumgangsformen gewählt wird, kann die Lehrerin oder der Lehrer anhand des Inhaltes vorgeben. Schüler/-innen, die mit offenen Unterrichtsverfahren vertraut sind, entwickeln so viel Kreativität, dass sie aus der Auswahl ihre eigenen Formen wählen.
Auch Kinder, für die Deutsch nicht die Muttersprache ist, haben genügend Möglichkeiten, sich am Unterrichtsprozess zu beteiligen.
Fächerübergreifende Aspekte kommen mit Bildender Kunst, Musik und Geschichte hinzu.
Das Schaubild zeigt die vielfältigen Möglichkeiten des Umgangs mit Kästner-Texten. Im Materialteil befinden sich die Kapitel zu den jeweiligen Themenbereichen mit entsprechenden Texten und Unterrichtsvorschlägen.

Ideen für ein Kästner-Projekt

Deutsch
1. Schreiben: Diktat, Fantasiegeschichte, Steckbrief, Paralleltexte, Buchkritik, Brief, Elfchen, Akrostichon …)
2. Textrezeption: Lyrik, Schwänke, Märchen
3. Hör- und Sprecherziehung
4. Szenische Darstellung: Stegreifspiel, Textinszenierung
5. Bildanalyse (Walter Trier)
6. Bildgeschichten von e.o.plauen

Musik
Hörbeispiele zeitgenössischer Musik: Schlager (30er–50er Jahre)
Singen eines Schlagers

Texte und Bilder zum Leben und Werk von Erich Kästner: Jugendbücher, Gedichte, Erzählungen und Sachtexte

Bildende Kunst
Leporello, Grußkarte, Kalender, Lesezeichen
Kästner in der Filmdose
Mobile mit Filmbildern
Bewegliches Bilderbuch, Bilderkino, Guckkasten
Analyse der Bilder von Walter Trier

Medienarbeit
Hörspiel, Audio-/Videoreportage/-magazin
Filmproduktion zu einem Gedicht
Filmanalyse einer Buchverfilmung
Aktionen um ein Buch + Film
Internetrecherche
Textproduktion am Computer

Außerdem:
➢ Spiele, Rätsel
➢ spezielle Spiele zu den Filmen

---
1 Vgl. Abraham, U./Beisbart, O./Koß, G./Marenbach, D.: Praxis des Deutschunterrichts. Donauwörth 1998, S. 34.

Zusätzlich bietet sich an,

- dass die Kinder einen Button mit Kästner-Bild als Identifikationsabzeichen gestalten bzw. zum Verkauf für einen wohltätigen oder schulinternen Zweck zur Verfügung stellen.
- dass eine Kinderfilmwoche an der Schule oder mit dem örtlichen Kino initiiert wird.

1. Zielsetzungen

Innerhalb dieses Lernprozesses sollen die Schüler/-innen auf die erworbenen Kenntnisse und Erfahrungen im inhaltlich-methodischen (z. B. Gedichtvortrag, Text in Bildergeschichtenkino oder szenisches Spiel umsetzen) und sozialen Bereich (z. B. Partner-, Gruppenarbeit und selbstständiges Arbeiten) zurückgreifen und neue Fähigkeiten (z. B. Erweiterung der Medienkompetenz) erwerben.

Den Schülerinnen und Schülern steht ein Materialangebot zur Verfügung, dessen Arbeitsaufträge sie im wahlfreien Arbeiten (mit Pflicht- und Wahlaufgaben) in ihnen vertrauten Sozialformen bewältigen. Die Kinder sollen eine Beziehung zu ihren ausgewählten Materialien mit den Kästner-Texten aufbauen. Gleichzeitig erfahren sie einige wichtige Daten aus dem Leben Kästners, zum einen um den Menschen anschaulich zu machen und seine Bedeutung zu erklären, zum anderen um eine Grundlage für eine langfristige Motivation zu legen, sich später mit weiteren Werken des Dichters zu befassen.

In den einzelnen Bereichen werden folgende Schwerpunkte angeboten:

A Deutsch

Fachliche Schwerpunkte

- Sachtexte bearbeiten (Kindheit in Dresden, Leben – Werke – Zeitgenossen)
- Literarische Texte bearbeiten (Gedichte, Erzählungen)
- Schreiben: Sachtext (Steckbrief, Bestellung von Informationsmaterial), Kreatives Schreiben (Elfchen, Akrostichon), Fantasieerzählung, Redigieren der eigenen Texte, Diktat zum Leben Kästners
- Vortragen: Gedichte, Schwänke, Geschichten, Ausschnitte aus seinen Jugendbüchern, Sprüche, eigene Texte (Elfchen, Erzählungen etc.)
- Spielen: szenische Umsetzung von Gedichten und Geschichten
- Textrezeption: Lesen, Verstehen, Analyse, Interpretation durch handelnden Umgang

Medienpädagogische Schwerpunkte

- Arbeit mit einem Textverarbeitungsprogramm
- Analyse von Filmen und Hörspielen
- Produktion eines Films, Bildergeschichtenkinos, Legetrickfilms, Audiobeitrags oder einer Internetseite

Arbeitstechniken

Unterstreichen unbekannter Wörter und Begriffe, Stichworte herausschreiben, redigieren, Fragen für ein Spiel formulieren, im Lexikon nachschlagen, eine Kästner-Mappe führen, im Internet recherchieren, Betonungszeichen setzen, einen Gedichtvortrag trainieren, spezifische medienpädagogische Arbeitstechniken

Soziale Schwerpunkte

Teamarbeit (Partner- und Gruppenarbeit), Toleranz gegenüber den Produkten anderer, gegenseitig Texte abhören, Spielsituationen reflektieren, verbessern, Kommunikationsverhalten üben

Organisatorische Schwerpunkte

Planung der eigenen Arbeit und einer Produktion, Reflexion der eigenen Arbeit und der von Mitschülerinnen und Mitschülern

Produktorientierung

Veröffentlichung der Ergebnisse z. B. anlässlich eines Kästner-Abends

B Fächerübergreifende Inhalte

Bildende Kunst

- Lesezeichen, Türschilder, Leporellos, Grußkarten, Plakate mit Farbe und Schrift gestalten
- Bildergeschichtenkino oder Legetrickfilm produzieren

Geschichte

Einbettung Kästners in seine Zeit (z. B. Schule im Kaiserreich, Bücherverbrennung)

Musik

Hörbeispiele zeitgenössischer Musik: Schlager seit den 20er Jahren
Singen eines Schlagers

2. Organisation

Für die Unterrichtseinheit sollte ein Zeitraum von 3–4 Wochen veranschlagt werden. Es ist ratsam, die Stunden der Fächer Deutsch, Sachkunde, Bildende Kunst, Geschichte und Musik in das Projekt einzubinden.
Um ein solch umfangreiches Projekt erfolgreich mit Schülerinnen und Schülern umzusetzen, sollte der Lehrer bzw. die Lehrerin genau analysieren, was in den vorangegangenen Schuljahren an Fach-, Sozial- und Methodenkompetenzen erworben wurde.
Teilbereiche dieser komplexen Einheit sind sicherlich in allen Klassen und in Einzelstunden durchführbar.
Als *technische Ausrüstung* sollten Overheadprojektor, Videorekorder, Fernsehgerät, Kassettenrekorder oder CD-Player vorhanden sein.
Wenn die produktive Umsetzung mit Medien in den Vordergrund rückt, werden Kassettenrekorder, Mikrofon, Videokamera, Stativ, Computer benötigt.
Es bietet sich an, als mögliche Kooperationspartner eine Bücherei, eine Buchhandlung, Musiker, Schauspieler, Kinobetreiber oder Medienzentren anzusprechen.

3. Methodische Möglichkeiten

Alle Materialien sollten nach folgenden Kriterien ausgewählt werden:

• Welcher Text ist für meine Klasse angemessen? • Berücksichtigt er das Leistungsvermögen der Klasse? • Werden Interessen der Kinder berührt? • Gibt es einen Heimatbezug?	• Welche eingeführten und bisher praktizierten Sozialformen sollen vertieft werden? • Können außerschulische Lernorte in die Arbeit einbezogen werden? • Welche schulischen und außerschulischen Personen können die Unterrichtsarbeit unterstützen, ergänzen, durch Fachkenntnisse erweitern?	• Welche bekannten Arbeitsformen/-techniken in den Fächern Deutsch und Bildende Kunst werden geübt, vertieft, auf neue Inhalte übertragen? • Welche neuen Arbeitsformen/-techniken müssen eingeführt werden? • Welche Möglichkeiten einer praktischen Medienerziehung bieten sich?

Eine quantifizierende und qualitative Differenzierung wird durch das wahlfreie Arbeiten mit verbindlichen Pflichtaufgaben gewährleistet.
In Einzelstunden werden bestimmte Inhalte und Methoden durch andere Unterrichtsverfahren vermittelt: z. B. gelenkte und erarbeitende Unterrichtsphasen; Lehrgangsverfahren als Grundlagenvermittlung für eine Medienproduktion: Film, Radiobeitrag, Hörspiel.
Den Kindern stehen sämtliche Texte mit den entsprechenden Arbeitsaufträgen im 2. und 3. Kapitel zur Verfügung.

Methodische Umsetzungsmöglichkeiten der Kästner-Texte

(X = im Materialteil vorgeschlagene oder alternative Möglichkeit)

Text	Auswendiglernen, Vortragen/ Lesen Einer/Mehrere	Schreiben Parallel-/ Weiterschreiben	Gestalten/ Bildende Kunst	Spielen	Mediale Umsetzung
1. Als der Nikolaus kam	X	X	X		
2. Arno schwimmt Weltrekord	X		X	X	
3. Das verhexte Telefon	X	X		X	X
4. Der Preisboxer	X	X	X	X	
5. Fauler Zauber	X			X	
6. Ferdinand saugt Staub	X	X	X	X	
7. Kicherfritzen	X		X	X	
8. Übermut tut selten gut	X	X	X	X	
9. Weltreise durchs Zimmer	X	X	X	X	

10. Sprüche	X		X	X	
11. Wie Eulenspiegel einem Esel das Lesen beibrachte	X		X		
12. Münchhausen: Der Ritt auf der Kanonenkugel	X	X	X		X
13. Münchhausen: Jagdabenteuer	X	X	X		
14. Münchhausen: Jagdabenteuer	X	X	X		
15. Schildbürger: Erziehung in einem Tag oder gar nicht	X				
16. Der gestiefelte Kater	X		X	X	
Lied: Mein kleiner grüner Kaktus					
Lied: Viele kleine Leute					

Für die Medienerziehung können die verschiedenen Audioprodukte zu Kästner-Texten herangezogen werden.
Als Filmbeispiele eignen sich besonders „Pünktchen und Anton", „Emil und die Detektive", „Charlie und Louise" und „Das fliegende Klassenzimmer".

Beispiel für die Auswahl von Materialien für ein konkretes Projekt

Texte	**Bildmaterial**	**Musikbeispiele aus den 20er Jahren**
• Arno schwimmt Weltrekord • Das verhexte Telefon • Übermut tut selten gut • Fauler Zauber • Weltreise durchs Zimmer • Sprüche • Wie Eulenspiegel einem Esel das Lesen beibrachte • Münchhausen: Der Ritt auf der Kanonenkugel • Münchhausen: Jagdabenteuer • Schildbürger: Erziehung in einem Tag oder gar nicht	• Kästners Eltern • Sein Geburtshaus • Erich mit 6 Monaten • Erich mit 8 Jahren • Zeugnis 1911/12 • Mutter und Sohn • Erich Kästner mit Erich Ohser • Dresden 1945 • der Katzenfreund • Kästner-Denkmal	• Mein kleiner grüner Kaktus • Viele kleine Leute

Weitere Arbeitsaufträge für die Bearbeitung der Kästner-Texte

Neben den konkreten Arbeitsaufträgen, die zu den einzelnen Texten bestehen, können aus dieser Tabelle weitere Aufgabenstellungen genommen werden.

Zu dem Text kannst du mit anderen Kindern ein Stegreifspiel aufführen.	Suche passende Fotos/Bilder zu einem Kästner-Gedicht!	Stelle eine Collage mit Bildern und anderen Materialien her!
Welches Zitat gefällt dir am besten? Lerne es auswendig! Möchtest du eine Geschichte erfinden, in der die Bedeutung deines Spruches eine Rolle spielt? Du könntest auch einen Comic zeichnen, in dem die Bedeutung klar wird!	Wie viele Strophen hat das Gedicht? Schreibe das Reimschema zu dem Gedicht auf!	Wähle dir ein Gedicht aus, das dir besonders gut gefällt! Übe betont zu lesen! Hilfe: Mache über die Wörter, die dir wichtig erscheinen, einen Strich. Lies jetzt das Gedicht betont vor!
Gestalte ein schönes Bild zu …	Sprich das Gedicht auf Kassette! Spiele die Kassette einem Mitschüler oder einer Mitschülerin vor! Kannst du deinen Vortrag noch verbessern?	Fertige eine Grußkarte an! Schreibe in Schönschrift den Text in die Mitte der Karte, damit du die Karte verschenken kannst!

4. Durchführung

In den letzten Jahren ist der „offene Unterricht" zu einem zentralen Thema der Methodengestaltung des Unterrichts geworden. Immer häufiger wird in diesem Zusammenhang auch von Werkstattunterricht gesprochen, von Lernwerkstätten und von Werkstattlernen.

Werkstattunterricht[2] besteht in einem vom Lehrer oder der Lehrerin geplanten offenen Arrangement von Lernsituationen mit multisensorischen und handlungsorientierten Arbeitsmaterialien und Arbeitsaufträgen, die den Schülerinnen und Schülern zur freien Wahl und zur individuellen und selbstständigen Bearbeitung angeboten werden, gemäß dem didaktischen Postulat nach Selbsttätigkeit, Eigenverantwortlichkeit und Erfahrungsorientierung beim Lernen.

Werkstatt ist geprägt durch spezifische Merkmale und folgt in seiner praktischen Umsetzung zwei miteinander zu verbindenden Zielsetzungen:
1. Entwicklung und Intensivierung von Erlebnisfähigkeit, Beziehungsfähigkeit, Toleranz, Selbstständigkeit, Kreativität, Entscheidungsfähigkeit, Verantwortungsbewusstsein
2. Erweiterung von Wissen, von Ausdauer, Konzentration, Ordentlichkeit beim Arbeiten, spezifische Arbeitstechniken und Fertigkeiten.

Didaktische Grundsätze des Werkstattunterrichts sind u. a.:
- Bei allen didaktischen Entscheidungen sind die Lern-, Bedürfnis-, Interessens- und Lebenslage der einzelnen Schüler/-innen zu berücksichtigen.
- Den Schülerinnen und Schülern muss eine Vielfalt der Lernwege ermöglicht werden.
- Die Schülerinnen und Schüler müssen im Unterricht so viel wie möglich selbsttätig, selbstverantwortlich und selbstentdeckend arbeiten und sollen auf diese Weise das Lernen lernen.

---
2 Siehe ph-heidelberg.de/org/diz/werkstatt/werkstatt%20definition.htm.

- Mit den Schülerinnen und Schülern sollen Metakommunikation und Selbstevaluation zum Unterricht eingeübt werden.
- Es soll ein Kommunikations- und Interaktionsstil gepflegt werden, der durch größtmögliche Akzeptanz und Offenheit geprägt ist.

Das wahlfreie Arbeiten ist die vorherrschende Arbeitsform. Integriert werden thematisch festgelegte Einzelstunden zu Beginn und während der Unterrichtseinheit. Sie dienen der Wiederholung bekannter bzw. der Erarbeitung neuer Lerninhalte und Methoden und der eingehenden Bearbeitung der Texte. Wichtig ist, dass die Schüler/-innen Gelegenheiten erhalten, ihre Ergebnisse (Zwischenergebnisse) der Klasse vorzustellen. Dadurch erfahren sie eine Rückmeldung, die ihre persönliche Arbeit würdigt, aber auch Verbesserungsvorschläge beinhalten sollte. Daraus resultieren wieder Lernfortschritte, sowohl für das konkrete Unterrichtsthema als auch für die gesamte Unterrichtsarbeit.

Wahlfreies Arbeiten

Wahlfreies Arbeiten ist eine Form der Freiarbeit. „Frei" bedeutet in diesem Zusammenhang, dass die Schüler/-innen in vorstrukturierten Bahnen lernen.

Das bedeutet, dass

- die Lehrerin bzw. der Lehrer den Zeitabschnitt für das Thema festgelegt hat,
- die Materialien anhand der analysierten Lehr- und Lernvoraussetzungen aufbereitet sind,
- Arbeitsanweisungen vorgegeben sind, aber von den Lernenden verändert werden können.

Für die Schüler/-innen ergibt sich daraus, dass

- sie sich interessengeleitet Teilthemen zuwenden können,
- sie ihre methodische Selbstständigkeit fördern,
- sie an einem Text/einer Aufgabenstellung verweilen können.

Das wahlfreie Arbeiten und der Werkstattunterricht begründen sich

- aus der veränderten Lebenswelt der heutigen Schüler/-innen. Die klassische Belehrung allein trägt nicht zu ihrer Bildung bei. Vielmehr müssen Selbstbestimmung, Selbstverantwortung und Selbsttätigkeit im Sinne eines erweiterten Lernbegriffs (inhaltlich-fachliches, methodisch-strategisches, sozial-kommunikatives und affektives Lernen)[3] Ziel des Unterrichtens sein.
- Gerade lyrische Texte sprechen einen Menschen oftmals sehr emotional an. Wenn Kinder einen Bezug zu Texten Kästners finden sollen, sollten sie die Freiheit haben, zu dem jeweiligen Text ihre eigene affektive Beziehung aufzubauen.

Für die Unterrichtseinheit bedeutet das:

- Kinder können an verschiedenen Stellen im Klassenraum ihre jeweiligen Texte abholen.
- Innerhalb des wahlfreien Arbeitens kann die Lehrerin/der Lehrer individuell auf die Schüler/-innen eingehen, um ihre persönlichen Lernfortschritte zu intensivieren.
Weiterhin können in dieser Phase ungeklärte Wörter und Sätze in Kleingruppen inhaltlich geklärt werden, um das Verständnis der Texte zu gewährleisten. Die Schüler/-innen können erklären, warum sie eine bestimmte Textzugangsmöglichkeit gewählt haben. Hier ergeben sich für die Lehrkraft wertvolle Erkenntnisse auf die Methoden- und Kommunikationskompetenz ihrer Klasse.
- Während der Arbeit können zusätzlich ein paar Bücher zu Kästner ausgelegt werden, um weitere Leseanreize zu schaffen. Wenn die Schüler/-innen ihre Pflichtaufgaben erfüllt haben, können sie mit der Entwicklung eines eigenen Kästner-Spiels beginnen. Sie gestalten z. B. ein Spielfeld mit Spielpunkten und schreiben Frage- und Ereigniskarten.
- Es sollte eine Internet-Recherche zu Kästner in den Unterricht einbezogen werden.
- Das Diktat wird auch in dieser Unterrichtsform vorbereitet. Die Lernwörter sind durch die Kennzeichnung den Schülerinnen und Schülern bekannt. Es wird kein spezielles Rechtschreib- oder Zeichensetzungsproblem vorher geübt. Somit erwächst das Diktat als ein ganz normaler Bestandteil aus der Unterrichtsarbeit.

---

3 Siehe u. a. diverse Veröffentlichungen von Heinz Klippert zum Methoden- und Kommunikationstraining.

Während der Unterrichtseinheit kann ein großes Plakat „Was ich Kästner schon immer sagen wollte!" aufgehängt werden. Die Schüler/-innen haben die Möglichkeit, während der gesamten Arbeitsphase ihre Meinung zu dem Dichter auf das Plakat zu schreiben. In der Reflexionsphase bietet es einen konkreten Gesprächsanlass.

Vorschläge für Einzelstunden

- In der Einführungsstunde wird auf einer Folie die Zeichnung, die Erich Ohser von Kästner erstellt hat, gezeigt. Die Schüler/-innen berichten, was sie schon von Kästner gehört haben.
  Danach wird das Bild- und Textmaterial vorgestellt und die Schüler/-innen bekommen ausreichend Zeit, um sich damit zu beschäftigen.
  Eine Vorgabe oder gemeinsame Erarbeitung eines Projektplanes schließen sich an.
- Zu Beginn der Unterrichtsarbeit schreibt die Klasse einen Brief an das Erich Kästner Museum in Dresden[4] und bestellt Informationsmaterial. Dieser Brief kann am Computer geschrieben und per Fax oder E-Mail gesendet werden. Die daraufhin erhaltenen Materialien werden besprochen, ausgelegt und die Poster in der Klasse aufgehängt.
- Neue Arbeits- und Darstellungsformen in Kooperation mit dem Fach Bildende Kunst werden eingeführt: Bildergeschichtenkino oder Gestaltung eines Lesezeichens oder Türschildes. Eine kurze Einführung und Demonstration genügt. Ausgelegte Beispiele motivieren zum Nachahmen.
- Zum Abschluss des Unterrichtsprojektes wird die gesamte Arbeit mit den Kindern reflektiert. Die zentralen Fragen dabei sind:
  – Was hat uns gut an dem Projekt „Erich Kästner" gefallen?
  – Was können wir noch besser machen?
  – Was haben wir von Erich Kästner erfahren und behalten?

Die Unterrichtsentwürfe sollten nur als Vorschläge angesehen werden, die auf die jeweilige Lehr- und Lernsituation übertragen werden können.

- Einführung in das Kästner-Projekt
- Wir beschaffen uns Informationen zu Kästner
- Wir erstellen einen Steckbrief zu Kästner
- Wir schreiben ein Elfchen zu Kästner
- Wir produzieren einen Radiobeitrag: Kennen Sie Kästner?

Leistungsbeurteilung[5]

Im Fach Deutsch können als schriftliche Leistungsbeiträge ein Diktat und/oder verschiedene Formen der Textproduktion in den Unterrichtsprozess einbezogen werden.

1. Beispiel für einen Diktattext

> *Diktattext* (90 Wörter)
>
> Erich Kästner wurde am 23. Februar 1899 in Dresden geboren.
> Zuerst wollte er Lehrer werden, wurde dann aber Schriftsteller.
> Er lebte bis 1945 in Berlin, nach dem Zweiten Weltkrieg in München.
> Kästner schrieb berühmte Kinderbücher, zum Beispiel „Emil und die Detektive", „Das fliegende Klassenzimmer", die seit 1930 immer wieder verfilmt wurden.
> 1933 wurden seine Bücher von den Nazis verbrannt und er durfte in Deutschland nicht mehr veröffentlichen.
> Nach 1945 schrieb er unter anderem „Die Konferenz der Tiere" und viele Nacherzählungen („Münchhausen", „Till Eulenspiegel").
> Am 29. Juli 1974 starb Erich Kästner.

---
4 Siehe Adressenliste S. 115.
5 Die Leistungsbeurteilung erfolgt nach den praktizierten Regeln.

2. Textproduktion

- Kreatives Schreiben: Paralleltext, Weiterschreiben, eigene Gedichte, Elfchen etc.
- Fantasiegeschichte zu Münchhausen
- Steckbrief zu Erich Kästner
- Fiktiver Brief an Erich Kästner oder an einen der Hauptdarsteller seiner Bücher
- Briefe: Informationen suchen oder Materialien bestellen
- Nacherzählung: z. B. zu den Kinder- und Jugendbüchern
- Buch- bzw. Filmkritik zu seinen Kinder- und Jugendbüchern

Weitere Leistungsbeurteilungen in Deutsch:

- Gedicht auswendig lernen und vortragen
- Künstlerisch-inhaltliche Gestaltung von Karten (Anwendung spezieller Techniken siehe Bildende Kunst)
- Umsetzung in darstellende Spiele (Stegreifspiel, Pantomime, Textinszenierung etc.)

3. Kästner-Mappe

Die Schüler/-innen können anhand des Pflichtprogramms auswählen (bis auf das Diktat), welchen Text und welche künstlerischen Produkte sie der Lehrerin oder dem Lehrer zur Benotung vorlegen. Auf diese Weise können die Kinder in das Beurteilungsverfahren stärker einbezogen werden.

5. Präsentation der Ergebnisse

Zum Abschluss des Projektes sollte eine ausführliche Reflexion des Arbeitsprozesses und der Ergebnisse durchgeführt werden. Das Plakat „Was ich Kästner schon immer sagen wollte!" bietet dazu den Gesprächsanlass.

Mehrere Formen der Ergebnispräsentation können gewählt werden:

- Wandzeitung
- Ausstellung der Text- und Bildprodukte
- Internetseite
- Kästner-Abend mit Gedicht-, Liedvortrag, Medienproduktion und szenischem Spiel

Folgendermaßen kann das Projekt bzw. die Unterrichtseinheit mit einem Kästner-Abend abgeschlossen werden:

Die Schüler/-innen stellen ihr Programm anhand der bearbeiteten Texte zusammen. Es werden Gedichte rezitiert, szenische Umsetzungen von Gedichten und Sprüchen dargeboten, Geschichten zu Gehör gebracht und wichtige Lebensstationen und Werke in Erinnerung gerufen. Die musikalische Umrahmung kann durch Schlager der 20er und 30er Jahre erfolgen.

Es sollten alle Schüler/-innen ins Programm einbezogen werden:

- Ein bis zwei Schüler/-innen führen durch das Programm.
- Die Übrigen spielen und tragen die Texte von Kästner vor.

Projektideen

Weitere Projektideen, die im Zusammenhang mit Erich Kästner umgesetzt werden können:

- Münchhausen – Leben und Wirken
- Till Eulenspiegel – Leben und Wirken
- Gullivers Reisen
- Der gestiefelte Kater
- Leben und Taten des scharfsinnigen Ritters Don Quichotte
- Bildergeschichten von e.o.plauen (Erich Ohser)
- Schule und Unterricht im Kaiserreich

II. Materialien

1. Als ich ein kleiner Junge war

Neben der Einführung in das Projekt geht es in diesem Themenbereich um die Beschäftigung mit Kästners Leben und die Einordnung in seine Zeit. Gleichzeitig soll angeregt werden, dass die Schüler/-innen sich selbstständig zusätzliche Informationen zu Kästner z. B. aus dem Internet oder einem Lexikon beschaffen. Sie können auch ältere Menschen in ihrer Lebenswelt zu bestimmten Zeitabschnitten als Zeitzeugen befragen.

Die Einordnung des Schriftstellers in seine Zeit intendiert weiterhin, dass bei den Schülerinnen und Schülern historisches Bewusstsein angebahnt wird. Sie erhalten damit Querverweise auf andere Interessengebiete und das vernetzte Denken wird gefördert.

Zusätzliches Bildmaterial von historischen Persönlichkeiten und Ereignissen und reale Gegenstände dieser Zeit können diesen zeitgeschichtlichen Abschnitt veranschaulichen.

Inhaltsübersicht

Die Materialien beinhalten

- einen Text zu Kästners Kindheit,
- Kästners Aussagen, warum er gerne las,
- Wortstreifen mit Daten zu seinem Leben und Werk,
- Bilder von Kästner und seinem Lebensumfeld.

Lernziele

Die Kinder werden zunächst auf Kästner aufmerksam gemacht und in das Projekt eingeführt. Anhand der Materialien lernen sie wichtige Lebensstationen Kästners und seine Werke kennen. Eine Internetrecherche kann die Arbeit ergänzen und vertiefen.

A Einführung in die Thematik

Das Beispiel des folgenden Stundenentwurfes soll verdeutlichen, wie das Thema „Erich Kästner" eingeführt und das Interesse der Kinder an dem Autor geweckt werden kann.

Einstieg/Motivation Präsentation der Zeichnung Erich Ohsers von Kästner Lehrkraft nennt ein paar Buchtitel Kästners	Vorkenntnisse eruieren, Assoziationen und Neugier wecken
Erarbeitung Lehrkraft: Was könnten wir zu dem Autor alles machen? Lehrkraft: Ich habe euch Gedichte, Texte, Sprüche, Bücher und ein paar Bilder von Kästner mitgebracht. Zeit (wird vorgegeben) zum Einlesen in die Texte Lehrkraft kündigt neue oder besondere Verfahren/Möglichkeiten an (z. B. Bildergeschichtenkino, Radiosendung, Film) Vorstellung des Arbeitsplanes mit den Pflicht- und Wahlaufgaben Hinweis: Die Aufgaben sind nur Vorschläge. Sie können also verändert werden. Klärung von Fragen und Arbeitsaufträgen	Schüler/-innen nennen die ihnen bekannten handlungsorientierten Verfahren der Recherche Die Auswahl der Texte und Bilder stehen den Schülerinnen und Schülern an verschiedenen Plätzen im Klassenraum zur Verfügung. (Alternative: Zunächst wird nur ein kleiner bestimmter Teil des Materials ausgelegt.) erste Reaktionen auf die Texte und Bilder
Zusätzliche Überlegungen Zeichnung zu Beginn wird als Rätsel eingesetzt und langsam am Overheadprojektor aufgedeckt; dabei können bekannte Sprüche und Buchtitel von Erich Kästner genannt und präsentiert werden.	

B Beschäftigung mit Kästner und seiner Zeit

Die Aufgaben der Arbeitsblätter bestehen

- in der Textarbeit zur Kindheit (Informationsentnahme),
- in der Darstellung des Lebens in einer Zeitleiste oder Wandzeitung, wozu die Wortstreifen, Bilder und Texte verwendet werden können.

Materialien

Als Material brauchen die Kinder große Blätter oder eine Tapetenrolle, Kleber und Schere. Wichtig ist, dass auch auf die Wirkung des großen Plakates oder der Wandzeitung geachtet wird.

Hinweise

Anhand der Arbeitsblätter „Als ich ein kleiner Junge war" erarbeiten die Schüler/-innen ein Grundwissen zu Kästner. Sie können dabei Parallelen zu ihrer Kindheit ziehen bzw. Unterschiede feststellen.

Bei der Erstellung der Zeitleiste oder Wandzeitung können die Schüler/-innen das erarbeitete Wissen in einen Bezug zu anderen historischen Persönlichkeiten und Ereignissen bringen. Als Ergänzung zu den Arbeitsblättern sollten Bilder aus Kästners Leben (S. 22–24) zur Verfügung gestellt werden und eventuell weiteres Material wie z. B. Porträts anderer berühmter Persönlichkeiten seiner Zeit.
Erweitert werden kann die Auseinandersetzung mit Kästners Kindheit um den Text „Wenn ein Kind gerne liest".

Querverweis

1. Um Erich Kästner visuell vorzustellen, kann per Video das Ende des Films „Das fliegende Klassenzimmer" von 1954 gezeigt werden, wo der Autor selbst auftritt.
2. Auditiv bietet sich die CD „Als ich ein kleiner Junge war" an, die Erich Kästner selbst besprochen hat.
3. Zu dem Informationstext könnte auch mit dem Programm „Hot Potatoes" ein Kreuzworträtsel, eine Zuordnungsübung oder ein Lückentext erstellt werden.
4. Lebensdaten und Bilder könnten von Schülerinnen und Schülern in eine Power-Point-Präsentation eingebunden werden.

Stundenthema: *Wir beschaffen uns Informationen zu Kästner*	
Ziel: Einen Brief verfassen, um Informationen zu Kästner einzuholen.	
Einstieg/Motivation: • Briefumschlag mit der Adresse der Touristinformation oder des Erich Kästner Museums in Dresden • Wiederholung des Themas Brief	Folie als Vorlage, um die Einzelteile einzutragen Anknüpfen an bekannte Lerninhalte Formale Aspekte des Briefes
Erarbeitung Für den Briefinhalt werden Fragen erarbeitet: • Was muss der Empfänger von uns wissen? • Wer sind wir? Warum schreiben wir? Was benötigen wir für Informationen? Erarbeitung eines Textes in Gruppenarbeit	Inhaltliche Aspekte des Briefes Text wird auf Folie geschrieben
Auswertung Präsentation der Texte per Overheadprojektor Auswahl des besten Textes oder der treffendsten Formulierungen Brief wird neu abgeschrieben Transfer: Versandart	Brief, Fax oder E-Mail
Zusätzliche Überlegungen • An Stelle der Folie könnten auch Wortkarten an der Tafel eingesetzt werden. • Die jeweils unterschiedlichen Möglichkeiten des Versendens können erarbeitet bzw. auch praktisch demonstriert werden. • Für eine Recherche zum Stichwort „Kästner" eignen sich verschiedene Lexika und das Internet.	

Stundenthema: *Wir erstellen einen Steckbrief zu Kästner*

Der Steckbrief ist ein klassisches Sachtextthema (Bereich informierende Texte). Eine eingehende Beschäftigung mit Kästner sollte vorangestellt sein, damit diese Aufgabe gestellt werden kann. Gerade Schüler/-innen, die mehr sachbezogen schreiben wollen und können, haben bei dieser Aufgabenstellung gute Möglichkeiten, ihre Schreibmotivation zu fördern. Die Bilddarstellungen von Kästner bieten genügend Anreize. Erforderlich sind ein genaues Betrachten der eingesetzten Bilder, die Verzahnung mit bisher erworbenen Informationen und die sprachlich sachliche Wiedergabe.

Stundenthema: *Wir erstellen einen Steckbrief zu Kästner*	
Ziel: Eine Personenbeschreibung Kästners anhand eines Bildes erstellen.	
Einstieg/Motivation • Folie mit Bild „Kästner, der Katzenfreund" als stummer Impuls • Bilder und Texte von Kästner als Hilfe für die Beschreibung • erste mündliche Beschreibung (ohne Systematik)	Schüler/-innen erkennen die Aufgabenstellung (Personenbeschreibung) Sitzkreis, Kommunikationstechniken üben (z. B. schülerzentrierte Kommunikation, Redewendungen wie *Auf dem Bild ist ... zu sehen.* *Ich kann mir vorstellen, dass ...* *Ich denke ...* *Ich meine ...* können zur Beschreibung herangezogen werden.
Erarbeitung Für eine detaillierte Beschreibung werden folgende Merkmale mündlich erarbeitet: • Aussehen, Figur • Kleidung (Ausdruck: ... trägt, ... ist gekleidet mit, ... hat an) • Beruf, Hobbys, besondere Merkmale Die Lehrkraft sammelt nun Stichworte zu den Merkmalen und schreibt sie auf das Arbeitsblatt. • Vortragen der Stichwörter • Formulierung eines Textes	Festhalten der zentralen Stichworte an der Tafel: Aussehen, Kleidung, Beruf, Hobbys, Merkmale Partner-/Gruppenarbeit: Arbeitsblatt steht zur Verfügung Überprüfung, ob richtig und ausführlich genug beschrieben wurde Sozialformwechsel Einzel-, Partner-, Gruppenarbeit
Auswertung Vortragen des Textes durch die Schüler/-innen vor der Klasse Konkrete Arbeitsanweisungen als Beobachtungsaufträge an die übrigen Schüler/-innen, z. B.: Wurde alles richtig beschrieben? In welcher Reihenfolge wird beschrieben? Gibt es Wiederholungen?	Sitzkreis gezielte Kommunikationsübung (z. B. mit Hilfe von vorgegebenen oder erarbeiteten Redewendungen: *Ich finde den Text von XY gut, weil ...* *Mir hat gefehlt, dass ...* *Es müsste/könnte noch ergänzt werden ...*
Zusätzliche Überlegungen – Wenn mehrere Kopien des Kästner-Bildes vorhanden sind, wäre die Erarbeitung des Textes in Gruppenarbeit sinnvoll (Schreibkonferenz). – Bestimmte Schüler/-innen schreiben ihren Text auf Folie. Die übrigen können dann beim Vortragen den Text mitverfolgen und gezielt Stellung beziehen. – Wenn der Filmausschnitt aus „Das fliegende Klassenzimmer" von 1954 eingesetzt wurde, sollte die Beschreibung Kästners anhand der Filmvorlage erfolgen.	

„Als ich ein kleiner Junge war" (1) – Text

Erich Kästner wurde am 23. Februar 1899, morgens gegen vier Uhr, in Dresden in der Königsbrücker Straße 66 geboren.
Der Vater Emil arbeitet in einer Kofferfabrik, die Mutter Ida näht zu Hause. Sie leben im 4. Stock in einer Mansardenwohnung.[1]

Seine Mutter

Über seine Mutter schreibt er: „All ihre Liebe und Fantasie, ihren ganzen Fleiß, jede Minute und jeden Gedanken, ihre gesamte Existenz setzte sie fanatisch auf eine Karte, auf mich …".[2]
Kästner lernt früh, dass er nur durch den unmenschlichen Arbeitsaufwand seiner Mutter eine behütete Kindheit und Jugend hat.

Seine Kindheit

Kästner zieht noch zweimal um, bleibt aber in der Königsbrücker Straße wohnen. „Mein Vorgarten war der Hinterhof und die Teppichstange war mein Lindenbaum … Im Hinterhof spielen die Kinder, an der Teppichstange turnen sie herum. Haben sie Hunger, werfen ihre Mütter ihnen Brote herunter. Eine schöne Zeit …"[3] Gerne denkt er zurück an den Spielplatz, der im Winter zur Eisbahn wird, die Volksbücherei, all die Bäckereien und Fleischereien, Gemüseläden und so weiter.
Ein Kindheitsbild kann er nie vergessen: Abends sitzt er mit seinen Eltern in der Küche. Seine Mutter kocht, sein Vater raucht still seine Zigarre, er sitzt still dabei und liest. „Was er an Büchern, Zeitschriften, Prospekten, Gebrauchsanweisungen, Speisekarten, Kalendern oder Zeitungsfetzen in die Hand bekommt, verschlingt er."[4]
Ein anderes Bild ist, wie der kleine Erich im Treppenhaus mit seiner Ritterburg und Zinnsoldaten die Schlachten der Weltgeschichte nachspielt.
Wenn Erich nicht liest oder spielt, sitzt er gern auf dem Fensterbrett, träumt und späht in die armseligen Hinterhöfe hinab. Und dann ist er manchmal ganz weit fort aus Dresden-Neustadt.
Ein letztes Kindheitsbild: Es gibt Streiks in der Stadt. Steine fliegen in die Gaslaternen der Königsbrücker Straße, berittene Gendarmerie schlägt mit gezogenen Säbeln auf Demonstranten ein. Der kleine Erich steht mit großen Augen am Fenster, bis ihn die weinende Mutter von diesem Anblick wegzerrt.

Schule und Lehrer

Als er noch nicht einmal lesen und schreiben kann, will er schon Lehrer werden. Seine Mutter hatte ein Zimmer mit Frühstück vermietet. Als Untermieter zieht zuerst der junge fröhliche Lehrer Franke ein. Er sitzt abends oft bei Kästners in der Küche, erzählt aus der Schule und korrigiert Hefte. Ein weiterer Mieter ist der Lehrer Paul Schurig. Wenn er nicht da ist, darf Erich in seinem Zimmer lesen, schreiben und Klavier üben. Hier gibt es eine Vielzahl von Büchern und Zeitschriften. Kästner ist beeindruckt von dieser Landschaft aus bedrucktem und beschriebenem Papier.

Aufgrund dieser schönen Erfahrungen mit Lehrern freut sich Erich, als er 1906 in die Vierte Bürgerschule eingeschult wird. Der Schulbau ist eine düstere Kinderkaserne, in dem die Lehrer die Schüler noch mit dem Rohrstock bestrafen.

45 „Ich wollte lernen und nicht einen einzigen Tag versäumen"[5], schreibt Kästner später. Er fehlt keinen einzigen Tag in der Schule, egal ob er Bauchschmerzen hat oder erkältet ist. Er geht sogar am Tag nach einem Unfall, bei dem er sich die Zungenbänder durchbeißt, tapfer zur Schule.

Vom ersten Tag an wird er Klassenbester und sagt dazu in „Emil und die Detektive": 50 „Seht, er hatte seine Mutter sehr lieb. Und er hätte sich zu Tode geschämt, wenn er faul gewesen wäre, während sie arbeitete, rechnete und wieder arbeitete."[6]

Berufswunsch: Lehrer

Seine Eltern können es sich nicht leisten, dass er nach der Volksschule aufs 55 Gymnasium oder die Realschule geht. Nicht die schulische Leistung, sondern der väterliche Geldbeutel ermöglicht damals diesen Weg.

Also wird Kästner Lehrer werden, denn diese Ausbildung ist billiger. Dazu machte man nach der Volksschule eine Aufnahmeprüfung und war sechs Jahre später Hilfslehrer, bekam Gehalt (womit die Eltern unterstützt werden konn-60 ten) und hatte eine Arbeit mit Pensionsberechtigung.

Die Lehrerausbildung kostet Schulgeld, das Internat dazu kostet Geld, der Klavierunterricht und das Klavier. Um genügend Geld für diese Ausbildung zu haben, erlernt seine Mutter mit 35 Jahren noch den Beruf Friseurin und macht ein kleines Geschäft auf.

65 Arbeitet die Mutter zu Hause, hilft er ihr, macht Besorgungen, erledigt alle Einkäufe, auch fürs Geschäft. Für seinen Onkel, einen Pferdehändler, darf der zuverlässige Junge sogar das Geld zur Bank bringen. So trägt der Zwölfjährige bis zu vierzigtausend Mark in seinem Schulranzen und keine Mark geht verloren. Auch sein Vater tut alles dafür, dass sein Sohn den gewünschten Beruf ergreifen 70 kann.

Trotz der vielen Arbeit vernachlässigt Kästner nicht die Schule. Und so hat er 1912 bis auf zwei Zweier nur Einser im Zeugnis.

Natürlich besteht der ausgezeichnete Schüler Erich Kästner die Aufnahmeprüfung und ist 1913 Schüler des Freiherrlich von Fletscher'schen Lehrersemi-75 nars.

Als der Siebzehnjährige vor einer Schulklasse steht, erkennt er, dass sein Berufswunsch falsch ist. „Ich war kein Lehrer, sondern ein Lerner. Ich hatte Lehrer werden wollen, um möglichst lange ein Schüler bleiben zu können."[7]

Obwohl er schon im Abschlusskurs ist, hört er auf, weil er studieren will.

---

1 Eine Mansarde ist ein Zimmer im Dachgeschoß.
2 Erich Kästner: Als ich ein kleiner Junge war. Zürich 1957
3 Ebenda
4 Ebenda
5 Ebenda
6 Erich Kästner: Emil und die Detektive. Berlin 1929
7 Erich Kästner: Als ich ein kleiner Junge war.

„Als ich ein kleiner Junge war" (2) – Rätsel

1. Lies den Text genau durch.
2. Beantworte die Fragen fürs Rätsel.

   1. so bezeichnet er die Schule
   2. in dem Monat wurde er geboren
   3. der Beruf der Untermieter
   4. Beruf der Mutter
   5. diesen Sport treibt er
   6. die häufigste Note im Zeugnis
   7. hier sitzt er abends und liest
   8. hier sitzt er gerne und träumt

1											
2	X							X	X	X	X	X
3	X	X	X	X	X						X	X
4	X	X	X									X
5	X	X	X	X	X	X						X
6	X	X	X	X				X	X	X	X	X
7	X	X	X	X						X	X	X
8												X

Lösung (gedreht dargestellt):

1	K	I	N	D	E	R	K	A	S	E	R	N	E
2					F	E	B	R	U	A	R		
3					R	E	H	R	E	R			
4				N	I	R	S	I	E	R	U	N	
5					T	U	R	N	E	N			
6							E	I	N	S			
7					E	H	C	E	U	K			
8	F	E	N	S	T	E	R	B	R	E	T	T	

Lösungswort: K Ä S T N E R

Tipp
Suche im Lexikon (Buch oder CD-ROM) und im Internet nach weiteren Informationen zu Kästner. Folgende Internetadressen sind interessant für dich:
www.kaestnerfuerkinder.net oder www.paroleemil.de

Das Leben Kästners (1) – Bilddokumente

Kästners Eltern

Kästners Geburtshaus in Dresden und Gedenktafel

Kästner im Alter von acht Jahren

Kästner, der Katzenfreund

Das Leben Kästners (2) – Bilddokumente

Erich Kästner mit Erich Ohser

Dresden 1945

Mutter und Sohn beim Wandern

Kästner-Denkmal in Dresden

„Als ich ein kleiner Junge war" (3)

Königsbrücker Str. 48
Hier verbrachte Erich Kästner den überwiegenden Teil seiner Kindheit im 3. Stock.

Kästners Zeugnis 1911/12

Wenn ein Kind gerne liest [6]

Wenn ein Kind lesen gelernt hat und gerne liest, entdeckt und erobert es eine zweite Welt, das Reich der Buchstaben. Das Land des Lesens ist ein geheimnisvoller, unendlicher Erdteil. Aus Druckerschwärze entstehen Dinge, Menschen, Geister und Götter, die man sonst nicht sehen könnte. Wer noch nicht lesen kann, sieht nur, was greifbar vor seiner Nase liegt und steht: den Vater, die Türklingel, den Laternenanzünder, das Fahrrad, den Blumenstrauß und, vom Fenster aus, vielleicht den Kirchturm. Wer lesen kann, sitzt über einem Buch und erblickt mit einem Male den Kilimandscharo oder Karl den Großen oder Huckleberry Finn im Gebüsch oder Zeus als Stier, und auf seinem Rücken reitet die schöne Europa. Wer lesen kann, hat ein zweites Paar Augen, und er muss nur aufpassen, dass er das erste Paar nicht verdirbt.
Ich las und las und las. Kein Buchstabe war vor mir sicher. Ich las Bücher und Hefte, Plakate, Firmenschilder, Namensschilder, Prospekte, Gebrauchsanweisungen und Grabinschriften, Tierschutzkalender, Speisekarten, Mamas Kochbuch, Ansichtskartengrüße ...
Ich las, als wäre es Atemholen. Als wäre ich sonst erstickt. Es war eine gefährliche Leidenschaft. Ich las, was ich verstand und was ich nicht verstand ...

---

6 In: Erich Kästner: Als ich ein kleiner Junge war. Zürich 1957.

Das Leben Kästners (3) – persönliche Lebensdaten

- 23.02.1899 Geburt Erich Kästners in Dresden
- 1906 Einschulung in die Volksschule in Dresden
- 1913 Besuch des Freiherrlich von Fletscher'schen Lehrerseminars in Dresden
- 1917–1918 Militärdienst
- 1918 Abschlusskurs am Strehlener Lehrerseminar
- 1919 Kriegsabitur – Studienbeginn in Leipzig (Germanistik, Geschichte, Philosophie, Theatergeschichte)
- 1923 Beginn der Freundschaft mit Erich Ohser (e.o.plauen)
- 1927 Umzug nach Berlin, Arbeit als Theaterkritiker und freier Mitarbeiter für Zeitungen und Zeitschriften
- 1928 Bekanntschaft mit dem Zeichner Walter Trier
- 10.05.1933 Bücherverbrennung – erstes Schreibverbot in Deutschland erste Verhaftung
- 1942 Schreibverbot für Deutschland und das Ausland
- 1943 Film „Münchhausen"
- 1944 Kästners Wohnung wird bei einem Bombenangriff zerstört, der verhaftete Erich Ohser begeht Selbstmord
- 1945 Flucht nach Mayrhofen (Tirol)
- 1946 Umzug nach München, Tätigkeit als Herausgeber der Jugendzeitschrift „Pinguin"
- 1951 stirbt seine Mutter
- 1957 stirbt sein Vater
- 1957 Geburt seines Sohnes Thomas
- Erich Kästner erhält viele Ehrungen: u. a. Großes Bundesverdienstkreuz, Hans-Christian-Andersen-Medaille, Deutscher Filmpreis
- 29.07.1974 Erich Kästner stirbt in München

Das Leben Kästners (4) – Auswahl seiner Werke und Verfilmungen

1928 „Emil und die Detektive" (Roman)

1931 „Pünktchen und Anton" (Roman)
„Der 35. Mai" (Roman)
„Emil und die Detektive" (Drehbuch)

1933 „Das fliegende Klassenzimmer" (Roman)

1934 „Emil und die drei Zwillinge" (Roman)

1938 „Till Eulenspiegel" (Nacherzählung)

1942 *„Münchhausen" (Drehbuch)*

1949 „Die Konferenz der Tiere" (Roman)
„Das doppelte Lottchen" (Roman)

1950 „Der gestiefelte Kater" (Nacherzählung)
Film *Das doppelte Lottchen*

1951 „Des Freiherrn von Münchhausen wunderbare Reisen und Abenteuer" (Nacherzählung)

1953 Film *Pünktchen und Anton*

1954 „Die Schildbürger" (Nacherzählung)
Filme *Das fliegende Klassenzimmer*
Emil und die Detektive

1956 „Leben und Taten des scharfsinnigen Ritters Don Quichotte" (Nacherzählung)

1957 „Als ich ein kleiner Junge war" (Kindheitserinnerungen)

1961 „Gullivers Reisen" (Nacherzählung)

1962 „Das Schwein beim Friseur" (Kinderbuch)

1963 „Der kleine Mann" (Roman)

1967 „Der kleine Mann und die kleine Miss" (Roman)

1969 Zeichentrickfilm *Konferenz der Tiere*

1973 Film *Das fliegende Klassenzimmer*

1993 Film *Charlie und Louise – Das doppelte Lottchen*

1999 Film *Pünktchen und Anton*

2000 Film *Emil und die Detektive*

2003 Film *Das fliegende Klassenzimmer*

2. Mit Kästner schreiben – spielen – sprechen

Gedichte und Sprüche sind prädestiniert zum Schreiben, Spielen und Sprechen. Gerade das Vortragen und/oder Spielen ermöglicht es den Schülerinnen und Schülern, ihren individuellen Zugang (und damit ihre persönliche Interpretation) zum jeweiligen Gedicht auszudrücken.
Grundlage der Arbeit ist die inhaltliche Klärung der Texte. Formale Aspekte (Reimschema, Strophen, Zeilen etc.) sollten auch Bestandteil des Unterrichts sein. Inwieweit die längeren Gedichte auswendig gelernt werden, muss entsprechend der Lerngruppe entschieden werden.

Inhaltsübersicht

Die Texte können zwar für viele Teilbereiche eingesetzt werden, schwerpunktartig bieten sich aber folgende Umsetzungsmöglichkeiten an:
- Schreiben: Als der Nikolaus kam, Das verhexte Telefon, Der Preisboxer, Weltreise durchs Zimmer
- Spielen: Das verhexte Telefon, Fauler Zauber, Übermut tut selten gut, Weltreise durchs Zimmer
- Sprechen: alle Texte
- Auswendiglernen: Arno schwimmt Weltrekord, Weisheiten

Lernziele

- Die Schüler/-innen sollen primär die Texte betont sprechen, üben und vortragen.
- Die Schüler/-innen sollen durch die szenische Umsetzung von Gedichten und Sprüchen zur intensiven Auseinandersetzung mit den Kästner-Texten geführt werden.
  Es werden grundlegende Kenntnisse und Fertigkeiten des darstellenden Spiels vermittelt, wie z. B. sprachliche und nichtsprachliche Ausdrucksmittel finden, choreographische Gestaltungsmittel anwenden, Anfertigung bzw. Auswahl von Requisiten, Gefühle darstellen.
- Die Schüler/-innen sollen kreative Texte zu Kästner-Texten verfassen. Die erworbenen Kenntnisse und Kriterien werden angewendet.

Materialien

- Requisiten für die szenischen Umsetzungen
- Kassettenrekorder und Mikrofon für Sprechübungen
- Computer für das Schreiben eigener Texte

A Beschäftigung mit den Schreibanlässen innerhalb des Projekts

Hinweise

- *Schreiben*

Bestimmte Schreibanlässe wie das Um- und Weiterschreiben der Gedichte, aber auch die Produktion eines Elfchens und Akrostichons berücksichtigen vielfältige kreative Prozesse im Umgang mit Sprache.
Die Grundfunktionen sprachlicher Äußerungen (Ich-Orientierung, Sachorientierung, Leserorientierung und Sprachorientierung)[7] werden in unterschiedlichster Weise erfüllt.
Die eingeführten Kriterien (Erzählung, Hauptteil, Schluss, Verwendung der wörtlichen Rede etc.) für das Schreiben von Geschichten und Nacherzählungen werden wiederholt und umgesetzt.
Die Schreibaufträge bieten sich u. a. für die Wochenplanarbeit an. Sie können auch als Beitrag zur Benotung im Sinne einer Klassenarbeit herangezogen werden.
Den Schülerinnen und Schülern sollte ein Transfer der Inhalte auf die heutige Zeit wenn möglich angeboten werden, um die Schreibfreude anzuregen.
Der Stundenentwurf zur Produktion eines Elfchens liegt bei.

---

7 Vgl. Abraham, U./Beisbart, O./Koß, G./Marenbach, D.: Praxis des Deutschunterrichts. Donauwörth 1998, S. 26 f.

Konkrete Arbeitsaufträge könnten sein:

> Schreibe ein Elfchen oder Akrostichon zu Kästner.
> Antworte mit einem Elfchen oder Akrostichon auf ein Gedicht von Kästner.
> Schreibe das Gedicht so um, dass es in der heutigen Zeit spielt.

- *Szenische Spiele*

In der handelnden Auseinandersetzung mit den Gedichten Kästners können und sollen die Schüler/-innen auf die ihnen bekannten Formen des darstellenden Spiels zurückgreifen wie z. B. Stegreifspiel, Pantomime, Schattenspiel, Textinszenierung. Dabei sollen sprachliche und körpersprachliche Mittel eingesetzt werden. Requisiten und Bühnenbild können einbezogen werden. Das Inszenieren ist eine kindgemäße Zugangsweise zur Rezeption und Interpretation.

Konkrete Arbeitsaufträge könnten sein:

> **Diese Geschichte kannst du mit ein paar Kindern nachspielen.**
> Welche Rollen müssen verteilt werden?
> Mit wie vielen Kindern wollt ihr spielen?
> Welche Requisiten braucht ihr?
> Wo spielt ihr?

- *Hör- und Sprecherziehung*

Handlungsorientiertes Arbeiten im Deutschunterricht bedeutet hinsichtlich der mündlichen Kommunikation, dass die Schüler/-innen Gespräche in den unterschiedlichsten Situationen führen müssen. Sie erwerben Sprach- und Sprechfähigkeiten, wenn sie über Inhalte, sich selbst und soziale Beziehungen zu anderen Menschen sprechen. Das geschieht durch das Vorlesen und Vortragen der Kästner-Texte und der eigenen Text- und Bildprodukte, Nachsprechen/-spielen, gezieltes Einsetzen der Körpersprache zur Unterstützung des Vortrages, des Erzählens und Berichtens.
Es besteht auch die Möglichkeit, ein Gedicht einmal im heimischen Dialekt oder einen Spruch/eine Lebensweisheit in der Muttersprache ausländischer Kinder vorzutragen.
Neben den Texten in diesem Kapitel können selbstverständlich auch die anderen Geschichten von Münchhausen, Till Eulenspiegel etc. zum Vortragen angeboten werden.
Die Gedichte mit einem Kassettenrekorder aufzunehmen, erhöht die Motivation (s. Kapitel 5 Kästners Medienkiste).

Konkrete Arbeitsaufträge könnten sein:

> **Trage ein Gedicht vor!**
> Suche dir ein Gedicht aus, das dir gut gefällt.
> Lies es dann leise. Lies ruhig und deutlich. Senke bei jedem Punkt die Stimme.
>
> Über den Wörtern, die dir wichtig sind, kannst du einen kleinen Strich einzeichnen. Dann weißt du, welches Wort du betonen möchtest. Wenn du eine Pause machen möchtest, setze einen Querstrich hinter das Wort.
>
> Deinen Vortrag kannst du noch verbessern, wenn du Mimik (Gesicht) und Gestik (Hände und Körper) einsetzt.

Querverweis

Auch die anderen Geschichten und Ausschnitte aus den Kinderbüchern bieten sich zum Vortragen an. Sowohl bei der szenischen Umsetzung als auch beim Gedichtvortrag kann eine Videokamera eingesetzt werden. Sie kann von eingewiesenen Schülerinnen und Schülern bedient werden (s. Kapitel 5 Kästners Medienkiste).

Die audiovisuelle Aufnahme veranschaulicht den Schülerinnen und Schülern ihre Ergebnisse und kann die Reflexionsphase intensivieren.

In der Audioarbeit könnte eine eigene CD mit gesprochenen Gedichten und Texten aufgenommen werden.

Alle Texte, die sich für szenische Umsetzungen eignen, bieten andererseits die Möglichkeit für eine Gestaltungsarbeit: Umwandeln des Textes in eine Bildergeschichte oder ein Bildergeschichtenkino (Kapitel 4 Gestalten mit Kästner).

Die Schülertexte können zusätzlich noch durch die genannten kreativen und medialen Möglichkeiten gestaltet werden. Der Einsatz des Computers ist ein weiteres motivierendes Unterrichtswerkzeug.

Zudem könnten an dieser Stelle auch die „Vater und Sohn Geschichten" von Erich Ohser (besser bekannt als e.o.planen), einem Freund Erich Kästners, thematisiert und in den Unterricht eingebracht werden. Diese klassischen Bildergeschichten bieten vielfältige Möglichkeiten des Schreibens und Spielens im Unterricht.

Konkrete Arbeitsaufträge können sein:

> Zu dieser Geschichte kannst du eine Bildergeschichte mit 6–8 Bildern entwerfen. Gliedere den Text in 6–8 Abschnitte. Überlege genau, was auf dem Bild dargestellt sein soll. Diese Arbeit kannst du auch in Partner- oder Gruppenarbeit machen.
>
> Zu dieser Geschichte kannst du ein schönes Bild oder ein Modell aus Papier oder Pappe gestalten.

Hinweis: Die Lehrkraft teilt zum jeweiligen Text eine Karte mit den Arbeitsanweisungen aus.

B Einzelstunden

Stundenthema: *Wir schreiben ein ELFCHEN zu Kästner*

Die Produktion dieser Lyrikform kann dem Themenbereich kreatives Schreiben zugeordnet werden. Das Elfchen ist ein fünfzeiliges Gedicht, bestehend aus elf Wörtern. Der formale Aufbau gliedert sich in:

1. Zeile: 1 Wort   Farbe, Eigenschaft, Thema, Idee, Gefühl
2. Zeile: 2 Wörter Gegenstand, der diese Farbe, Eigenschaft etc. trägt
3. Zeile: 3 Wörter Wo befindet sich der Gegenstand, was tut er, genauere Bestimmung
4. Zeile: 4 Wörter Aussage des Schreibenden, die noch etwas mehr erzählt
5. Zeile: 1 Wort   Abschluss, Pointe, Ergänzung

Beispiel für ein Elfchen

Autor	1 Wort
schrieb Gedichte	2 Wörter
erzählte alte Schwänke	3 Wörter
verfasste berühmte verfilmte Kinderbücher	4 Wörter
Kästner	1 Wort

Stundenthema: *Wir schreiben ein ELFCHEN zu Kästner*	
Ziel: Produktion eines kreativen Textes	
Einstieg/Motivation Textbegegnung durch ein Lehrerbeispiel (Lehrervortrag oder visueller Impuls per Plakat)	Plakat als Impuls zur Veranschaulichung der Form Schüler/-innen äußern sich spontan zum Text (Inhalt und Form)
Erarbeitung Struktur des Elfchens erarbeiten Wortsammlung: Lehrkraft: Nennt einmal alle Wörter, die euch zu Kästner einfallen. Schüler/-innen notieren ihre Wörter an der Tafel Schreibt jetzt euer eigenes Elfchen.	Schüler/-innen erklären die Form des Elfchens Besonderer Hinweis auf das letzte Wort (Überraschungseffekt oder Zusammenfassung) Cluster, um vielfältiges Wortmaterial für die Textproduktion zusammenzustellen Festhalten an der Tafel Schüler/-innen können auf gesammeltes Wortmaterial zurückgreifen
Auswertung Vorstellung der Schülerergebnisse Vortrag durch die Schüler/-innen	Sitzkreis – Kommunikationsübungen Analyse der Texte im Hinblick auf Inhalt und Form

Zusätzliche Überlegungen

- Das Wortmaterial kann auch in Gruppenarbeit erstellt und auf Plakaten festgehalten werden.
- Aushängen aller Texte in der Klasse
- Kombination mit Bildender Kunst: Gestaltung einer Grußkarte mit beweglichen/nichtbeweglichen Teilen
- Alternativ oder als Erweiterung kann die Einführung eines Haikus (3 Zeilen mit 5 Silben, 7 Silben, 5 Silben) oder eines Akrostichons (die untereinander geschriebenen Buchstaben eines Wortes bilden den Anfang eines Wortes, Satzes oder einer Wortreihe) erfolgen.

Kästner-Elfchen

Ein Elfchen ist ein Gedicht, das aus 11 Wörtern besteht.
Die Wörter werden folgendermaßen auf 5 Zeilen verteilt:

Beispiel:

Autor	1 Wort
schrieb Gedichte	2 Wörter
erzählte alte Schwänke	3 Wörter
verfasste berühmte verfilmte Kinderbücher	4 Wörter
Kästner	1 Wort
Insgesamt:	11 Wörter

Schreibe ein Kästner-Elfchen.

1. Suche Wörter, die dir zu Kästner einfallen und schreibe sie auf.

   _____

   _____

   _____

2. Überlege, wie die Wörter in einem Elfchen angeordnet werden können.

3. Schreibe dein Elfchen auf und male, wenn du möchtest, ein Bild dazu.

   _____
   (1 Wort)

   _____
   (2 Wörter)

   _____
   (3 Wörter)

   _____
   (4 Wörter)

   _____
   (1 Wort)

Als der Nikolaus kam

In der Nacht vor dem Christfest, da regte im Haus
sich niemand und nichts, nicht mal eine Maus.
Die Strümpfe, die hingen paarweis am Kamin
und warteten darauf, dass Sankt Niklas erschien.

Die Kinder lagen gekuschelt im Bett
und träumten vom Äpfel- und Nüsseballett.
Die Mutter schlief tief, und auch ich schlief brav,
wie die Murmeltiere im Winterschlaf …

… als draußen vorm Haus ein Lärm losbrach,
dass ich aufsprang und dachte: Siehst rasch einmal nach!
Ich rannte zum Fenster, und fast noch im Lauf
stieß ich die knarrenden Läden auf.

Es hatte geschneit, und der Mondschein lag
so silbern auf allem, als sei's heller Tag.
Acht winzige Rentierchen kamen gerannt,
vor einen ganz, ganz kleinen Schlitten gespannt!
Auf dem Bock saß ein Kutscher, so alt und so klein,
dass ich wusste, das kann nur der Nikolaus sein!

Die Rentiere kamen daher wie der Wind,
und der Alte, der pfiff, und er rief: „Geschwind!
Renn, Renner! Tanz, Tänzer! Flieg, fliegender Hitz!
Hui, Sternschnupp'! Hui, Liebling! Hui, Donner und Blitz!
Die Veranda hinauf, und die Hauswand hinan!
Immer fort mit euch! Fort mit euch! Hui, mein Gespann!

Wie das Laub, das der Herbststurm die Straßen lang fegt.
Und, steht was im Weg, in den Himmel hoch trägt,
so trug es den Schlitten auf unser Haus
samt dem Spielzeug und samt dem Sankt Nikolaus.

Kaum war das geschehen, vernahm ich schon schwach
das Stampfen der zierlichen Hufe vom Dach.
Dann wollt' ich die Fensterläden zuziehn,
da plumpste der Nikolaus in den Kamin!

Sein Rock war aus Pelzwerk, vom Kopf bis zum Fuß.
Jetzt klebte er freilich voll Asche und Ruß.
Sein Bündel trug Nikolaus huckepack,
so wie die Hausierer bei uns ihren Sack.

Zwei Grübchen, wie lustig! Wie blitzte sein Blick!
Die Bäckchen zartrosa, die Nas' rot und dick!
Der Bart war schneeweiß, und der drollige Mund
sah aus wie gemalt, so klein und halbrund.
Im Munde, da qualmte ein Pfeifenkopf,
und der Rauch, der umwand wie ein Kranz seinen Schopf.

Ich lachte hell, wie er so vor mir stand,
ein rundlicher Zwerg aus dem Elfenland.
Er schaute mich an und schnitt ein Gesicht,
als wollte er sagen: „Nun, fürchte dich nicht!"

Das Spielzeug stopfte er, eifrig und stumm,
in die Strümpfe, war fertig, drehte sich um,
hob den Finger zur Nase, nickte nur zu,
kroch in den Kamin und war fort im Nu!

In den Schlitten sprang er und pfiff dem Gespann,
da flogen sie schon über Tal und Tann.
Doch ich hört' ihn noch rufen, von fern klang's sacht:
„Frohe Weihnachten allen, und allen gut' Nacht!"

Arno schwimmt Weltrekord

Das Trockenschwimmen ist ein toller Sport!
Ganz ohne Pferd kann keiner reiten.
Ganz ohne Grund kann keiner streiten.
Doch ohne Wasser schwimmt der Mensch sofort.

Wenn sich Großhennigs Arno mit dem Magen
Auf einen Stuhl (als ob er schwömme) legt
und Gustav mit dem Teppich Wellen schlägt,
ist Arno nicht zu schlagen!

Die anderen wetten hoch und geben acht.
Sie hoffen, dass dies Arno kräftigt.
Er ist von Kopf bis Fuß beschäftigt
und bricht Rekorde, dass es kracht.

Zum Schluss durchquert er rasch noch den Kanal
und unterbietet gar den Weltrekord!
Das Trockenschwimmen ist ein toller Sport.
Versucht es mal!

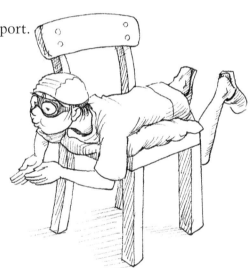

1. **Trage das Gedicht betont vor.**

Beachte dabei, laut und deutlich zu lesen, Pausen zu machen sowie Mimik und Gestik einzusetzen.

2. **Zu diesem Gedicht kannst du ein schönes Bild gestalten oder ein Modell aus Papier oder Pappe bauen.**

3. **Dieses Gedicht könnt ihr in der Klasse nachspielen.**

Wie viele Kinder spielen mit? Welche Requisiten braucht ihr? Wo spielt ihr?

Gerd Cichlinski: Kinder entdecken Erich Kästner, © Auer Verlag GmbH, Donauwörth

Das verhexte Telefon

Neulich waren bei Pauline
sieben Kinder zum Kaffee.
Und der Mutter taten schließlich
von dem Krach die Ohren weh.

Deshalb sagte sie: „Ich gehe.
Aber treibt es nicht zu toll.
Denn der Doktor hat verordnet,
dass ich mich nicht ärgern soll."

Doch kaum war sie aus dem Hause,
schrie die rote Grete schon:
„Kennt ihr meine neuste Mode?
Kommt mal mit ans Telefon."

Und sie rannten wie die Wilden
an den Schreibtisch des Papas.
Grete nahm das Telefonbuch,
blätterte darin und las.

Dann hob sie den Hörer runter,
gab die Nummer an und sprach:
„Ist dort der Herr Bürgermeister?
Ja? Das freut mich. Guten Tag!

Hier ist Störungsstelle Westen.
Ihre Leitung scheint gestört.
Und da wäre es am besten,
wenn man Sie mal sprechen hört.

Klingt ganz gut. Vor allen Dingen
bittet unsere Stelle Sie,
prüfungshalber was zu singen.
Irgendeine Melodie."

Und die Grete hielt den Hörer
allen sieben an das Ohr.
Denn der brave Bürgermeister
sang „Am Brunnen vor dem Tor".

Weil sie schrecklich lachen mussten,
hängten sie den Hörer ein.
Dann trat Grete in Verbindung
mit Finanzminister Stein.

„Exzellenz, hier Störungsstelle.
Sagen Sie doch dreimal ‚Schrank'.
Etwas lauter, Herr Minister!
'tschuldigung und besten Dank."

Wieder mussten alle lachen,
Hertha schrie „Hurra!" und dann
riefen sie von neuem lauter
sehr berühmte Männer an.

Von der Stadtbank der Direktor
sang zwei Strophen „Hänschen klein".
Und der Intendant der Oper
knödelte die „Wacht am Rhein".

Ach, sogar den Klassenlehrer rief
man an. Doch sagte der:
„Was für Unsinn! Störungsstelle?
Grete, Grete! Morgen mehr!"

Das fuhr allen in die Glieder.
Was geschah am Tage drauf!
Grete rief: „Wir tuns nicht wieder."
Doch er sagte: „Setzt euch nieder.
Was habt ihr im Rechnen auf?"

Schreibe die Geschichte auf die heutige Zeit um.

Wen riefe Grete heute an? Was würden die Personen singen?
Was würden sie sagen?

Der Preisboxer

Vermutlich kennt ihr solche Knaben,
die (wenn sie kleine Kinder sehn)
die grässliche Gewohnheit haben,
mit Fäusten auf sie loszugehn.

Dann boxen sie wie Titelhalter
die kleinen Kerls zu Kuchenteig.
Doch zeigt sich wer in ihrem Alter,
so kneifen sie. Denn sie sind feig.

Der Adolf war ein solcher Kunde.
Und trat er tückisch aus dem Haus,
so rissen in der ganzen Runde
die kleinen Kinder alle aus.

Er stieß. Er zog sie an den Haaren.
Es war ihm gleich, wohin er traf.
Zu denen, welche größer waren,
benahm er sich ganz brav.

Da zogen Leute namens Bock
im Haus von Adolfs Eltern ein.
Sie zogen in den dritten Stock.
Ihr Sohn hieß Fritz und war noch klein.

Bereits am nächsten Tag erhielt
der Fritz von Adolf seine Schläge.
Er hatte still für sich gespielt.
Doch Adolf rief: „Geh aus dem Wege!"

Nun kamen, von dem Krach beflügelt,
die Kinder aus der Gegend an.
Sie wollten sehn, wie Adolf prügelt
und was der Fritz vertragen kann.

Er schlug, so sehr es ihm behagte,
und fand an diesem Sport Genuss,
bis Fritz den Rock auszog und sagte:
„Nun aber Schluss!"

Er gab dem Adolf eins vors Kinn
und rief: „Das war ein Uppercut!"
Der Adolf fiel beinahe hin
und wünschte sich nach Haus ins Bett.

Dann schlug Fritz Haken rechts und links
Und gab ihm einen Magenstoß.
Die kleinen Kinder staunten rings.
Und schließlich ging der Jubel los.

Was half dem Adolf seine Länge?
Er sank fast um und weinte laut.
Zum Schluss erklärte Fritz der Menge:
„Passt auf! Jetzt schlag ich ihn knock out!"

Er drehte sich herum, als ging er.
Doch plötzlich, scheinbar ohne Ziel,
gab er dem Großen einen Schwinger,
dass Adolf steif zu Boden fiel!

Da lag er wie vom Blitz getroffen
Und hielt die Augen zugepresst.
Und Fritzchen sprach: „Es steht zu hoffen,
dass er euch jetzt in Ruhe lässt."

**Lies das Gedicht bis einschließlich Strophe 8.
Schreibe die Geschichte weiter.**

Überlege, was passiert. Was macht Fritz? Was passiert Adolf? Was machen die anderen Kinder?

Fauler Zauber

Der Zauberkünstler Mamelock
hebt seinen goldnen Zauberstock.
„Ich brauche", spricht er dumpf, „zwei Knaben,
die ziemlich viel Courage haben."

Da steigen aus dem Publikum
schnell Fritz und Franz aufs Podium.
Er hüllt sie in ein schwarzes Tuch
und liest aus seinem Zauberbuch.
Er schwingt den Stock ein paar Sekunden.
Er hebt das Tuch – sie sind verschwunden!

Des Publikums Verblüffung wächst.
Wo hat er sie nur hingehext?
Sie sind nicht fort, wie mancher denkt.
Er hat die beiden bloß – versenkt!

Fritz sagt zu Franz: „Siehst du die Leiter?"
Sie klettern abwärts und gehen weiter.
Der Zauberkünstler lässt sich Zeit,
nimmt dann sein Tuch und wirft es breit.
Er schwingt sein Zepter auf und nieder,

doch kommen Fritz und Franz nicht wieder!
Der Zaubrer fällt vor Schrecken um.
Ganz ähnlich geht´s dem Publikum.

Nur Fritz und Franz sind voller Freude.
Sie schleichen sich aus dem Gebäude.
Und Mamelock sucht sie noch heute.

1. Trage das Gedicht betont vor.

Lies laut und deutlich vor, mache Pausen und setze Mimik und Gestik bewusst ein.

2. Dieses Gedicht kannst du mit ein paar Kindern spielen.

Wie viele Kinder spielen mit? Welche Requisiten braucht ihr?
Wo spielt ihr?

Ferdinand saugt Staub

Wenn Ferdinand Maschinen sah,
dann war er meistens hingerissen,
ob Radio, ob Kamera –
er schraubte hier – er schraubte da,
er wollte alles wissen.

Sein Vater sparte und erstand
den größten Staubsaugapparat,
den er im Kaufhaus Ury fand.
Er ahnte nicht, was Ferdinand,
als er allein war, tat.

Es ließ dem Jungen keine Ruh,
ob denn der Apparat was taugte.
Er drehte an und ab und zu.
Er hielt den Sauger an die Schuh.
Es stob der Staub. Er saugte.

Es stob der Staub aus jeder Ecke.
Der Apparat war wie verrückt.
Er schob den Bücherschrank vom Flecke.
Er schluckte die geblümte Decke.
Ein Fenster ward zerdrückt.

Es stob der Staub. Der Schrank schlug Wellen.
Dem Ferdinand misslang vor Schreck,
die Mordmaschine abzustellen.
Er hörte seinen Dackel bellen – schwupp war
das Tierchen weg.

Durchs Zimmer flog ein Blumenstrauß.
Am Boden häuften sich die Reste.
Der Vater kam verstört nach Haus.
Es zog ihm gleich die Stiefel aus.
Sein Bauch quoll aus der Weste.

Die Wände wurden krumm und krümmer.
Die Lampe sauste aufs Parkett.
Der Zustand wurde immer schlimmer.
Schon schwebte aus dem Nebenzimmer
das Mahagonibett.

Es drehte sich. Es stürzte dann.
Die Stühle hüpften wie Gespenster.
Da packte der empörte Mann
den Apparat energisch an
und schmiss ihn aus dem Fenster.

Die Straßenbahn sprang aus den Schienen
und überfuhr den Apparat.
Der Vater sah mit strengen Mienen
auf Ferdinand und die Ruinen
und sprach: „Da hast du den Salat."

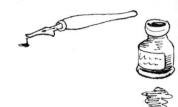

Kicherfritzen

Habt ihr das schon mal gemacht:
ohne jeden Grund gelacht?
Na, wie steht's? Ich glaube sicher,
dass ihr dieses Lachen kennt,
das man allgemein Gekicher nennt.

Wie entsteht so etwas bloß?
Es entsteht nicht. Es geht los!
Eben noch tat keiner mucksen.
Fritz beginnt herumzudrucksen.
Paul hat sich parterre gesetzt,
denkt nichts Böses, hört sie juxen
und bekichert sich zuletzt.

Schließlich platzen sie vor Lachen.
Und sie meckern wie die Ziegen,
bis sie fast am Boden liegen.
Und sie finden es zu dumm!
Doch da lässt sich gar nichts machen,
und sie meckern und sie lachen,
und sie wissen nicht warum.

Keiner sieht die anderen an,
denn sonst würde es noch schlimmer.
Und das Kichern wird Gewimmer.
Mutter sitzt im Nebenzimmer
und bleibt ernst, so gut sie kann.
Kichern strengt genauso an
wie ein Tausend-Meter-Lauf.

Und so leise, wie's begann,
hört es auf.

1. Trage das Gedicht betont vor.

Lies laut und deutlich vor, mache Pausen und setze Mimik und Gestik bewusst ein.

2. Dieses Gedicht kannst du mit ein paar Kindern spielen.

Wie viele Kinder spielen mit? Welche Requisiten braucht ihr? Wo spielt ihr?

Übermut tut selten gut

Klaus und Kläre gehen im Zoo spazieren.
Und sie bleiben immer wieder stehn,
um den Garten mit den tausend Tieren
sich so recht ausführlich anzusehn.

Denn da gibt es ganz verrückte Biester,
mit Geweih und Bart und Pinselohr.
Klaus tut sich gern wichtig, und so liest er
Kläre alle Namensschilder vor.

Ganz besonders stehen sie und gaffen
durch das eine hohe Gitter dort,
denn dahinter stehen zwei Giraffen.
Kläre möchte gar nicht wieder fort.

Klaus sucht unterdessen spitze Steine.
Diese wirft er dann (und holt weit aus)
den Giraffen an die langen Beine.
Seine Schwester sagt nur: „Aber Klaus!"

Er sucht Steine von enormer Größe,
und er knallt sie auf das gelbe Fell.
„Warum werden sie," brüllt er, „nicht böse?"
Kläre sagt nur: „Das geht manchmal schnell."

Wieder bückt er sich und sucht und sieht
nicht, dass die Giraffen näher kommen.
Und bevor er es bemerkt und flieht,
haben ihn die beiden festgenommen.

Jeder der Giraffen schnappt ein Ohr.
Und dann ziehen sie ihn erst mal breit.
Und dann ziehen sie ihn zu sich empor.
Kläre steckt vor Schreck den Kopf ins Kleid.

Klaus brüllt so, als stecke er am Spieße.
Doch sie hören gar nicht auf sein Weinen.
Wenn man ihn, schreit er, jetzt gehen ließe,
würfe er nie mehr mit spitzen Steinen.

Die Giraffen machten sich nichts draus,
sondern ziehn und zerren wutentbrannt.
Kläre holt die Wärter, aber Klaus
hat schon Ohren wie ein Elefant.

Auch die Wärter können hier nichts machen,
wenn der Anblick sie auch sehr erregt.
Alle Tiere schauen zu und lachen.
Und die Tiere wachsen unentwegt.

Bis die Wärter mit Pistolen knallen.
Dann erst lassen die Giraffen den
ganz und gar verzerrten Knaben fallen.
Kläre wagt es kaum, ihn anzusehn.

Seine Ohren schlenkern ihm wie Schleppen
um die Füße bei dem kleinsten Schritt.
Er hat Mühe, dass er auf den Treppen
sich nicht auf die Ohren tritt.

Armer Klaus, was wird mit dir geschehen,
wenn die Eltern deine Ohren sehen?
Ach, was wird dir noch damit passieren!
Und im Winter wirst du sie erfrieren.

Brauchen wir dir jetzt noch einzuschärfen:
Du sollst nicht mit spitzen Steinen werfen?
Nein, du weißt es endlich, Tiere quälen
ist so gut wie gar nicht zu empfehlen.

**Fällt dir eine Geschichte ein? Was passiert, wenn Klaus Steine gegen ein Lama,
einen Elefanten, einen Affen, ein Nashorn oder ein anderes Tier wirft?
Erzähle sie. Schreibe sie auf.**

Weltreise durchs Zimmer

Ihr bindet einen Schleier vors Gesicht
und sagt, ihr müsstet unbedingt verreisen
nach Madagaskar, Schottland oder Meißen.
Wohin, ist Wurst. Nur bleiben dürft ihr nicht.

In eine Tüte stopft ihr dann den Pass,
den Kragenschoner und die Kleiderbürste,
ein Bügeleisen und zwei Leberwürste.
Und in die Zwischenräume irgendwas.

Dann seid ihr reisefertig, und ihr müsst
den Tisch behutsam auf den Rücken legen.
Und ihr besteigt das Schiff der Abfahrt wegen,
wobei ihr Herta, die nicht mitfährt, küsst.

Dann schifft ihr fort. Das Tischtuch weht im Wind.
Der Teppich schlägt mit Hertas Hilfe Wellen.
Ihr stoßt auf Rom und kreuzt die Dardanellen,
wo wilde Volksstämme üblich sind.

Das Seekrankwerden lasst ihr besser sein.
Es ist nicht leicht und ruiniert die Sachen.
Ihr braucht die Reise nicht so echt zu machen
und lauft schnell in Madagaskar ein.

Das Sofa stellt den Felsenrücken dar.
Dort könnt ihr (wenn die Eltern fort sind) stranden,
sonst ist es klüger, ungestört zu landen.
Am Ufer schreit ihr laut: Wie wunderbar!

Wenn ihr dann eine Zeit lang fröhlich ward,
vom Schrank herab auf Löwen zieltet
und Mutters Zopf für eine Schlange hieltet,
geht ihr zum Tisch, auf dem ihr heimwärts fahrt.

Zu Hause erzählt ihr, wie es euch gefiel:
Erzählt von Sonnenstichen und Menschenfressern,
von Nasenringen, Gift und krummen Messern –
doch das ist eigentlich ein neues Spiel!

**Wohin geht deine Weltreise? Was erlebst du? Was siehst, hörst, riechst und fühlst du auf deiner Reise? Wen triffst du?
Erzähle davon oder schreibe darüber.**

Sprüche und Weisheiten

Es gibt nichts Gutes, außer man tut es.

Wünsche sind nur gut, solange man sie noch vor sich hat.

Der Kopf ist nicht der einzige Körperteil.

Es gibt auf dieser Welt mehr Fragen als Antworten.

Lasst euch die Kindheit nicht austreiben!

Es gibt Menschen, die schon als Greise zur Welt kommen.

Nur wer erwachsen wird und Kind bleibt, ist ein Mensch.

Hinz kam zu Kunz um Rat gelaufen. „Was schenkt ein Vater seinem Sohn?" Kunz schlug ihm vor, ein Buch zu kaufen. „Ein Buch? Ach nein. Das hat er schon."

Nehmt auf die Rücksicht, die auf euch Rücksicht nehmen!

Kinder buchstabieren noch mit dem Herzen.

3. Mit Kästner lesen und schreiben

Neben den bekannten Kinderbüchern hat Erich Kästner Nacherzählungen u. a. zu „Till Eulenspiegel", „Die Schildbürger", „Münchhausen", „Der gestiefelte Kater" verfasst.[8]
Textausschnitte aus diesen Werken sollen Leseanreize für das weiterführende Lesen – auch in der Freizeit – bieten. Die Leseförderung und Lesefreude stehen im Mittelpunkt dieser Unterrichtsarbeit.
Vor allem fiktionale Texte machen ein Angebot der emotionalen Beteiligung an fremden Geschichten, wie sie die reale Erfahrung niemals zugänglich machen kann. Beim Lesen erfolgt die Übernahme der Erfahrungsperspektive einer fremden Figur in einem sprachlich-begrifflichen Zusammenhang, der den Prozess der Identifikation verlangsamt und erschwert, ihn andererseits bereichert durch die verschiedensten Möglichkeiten, auf verbale Beschreibungen mit individuellen Vorstellungen zu reagieren.
Lesen ist ein Schlüssel zur Medienkultur. Als wirksamste Medienpädagogik kann denn auch immer noch ein effizienter Leseunterricht bezeichnet werden, auf dem freilich eine umfassende Medienalphabetisierung aufzubauen wäre.

Um Leser zu werden, brauchen Kinder u. a.

- eine anregende Leseumwelt,
- alltägliche Lesesituationen mit praktischen Handlungszusammenhängen,
- Gesprächspartner, um Leseeindrücke auszutauschen,
- einen Konsens, dass Lesen Freude machen, Genuss bereiten und der je persönlichen intellektuellen Neugier folgen darf.[9]

An methodischen Vorschlägen bieten sich im Erich-Kästner-Projekt an:
Leseecken, freie Lesestunden, Vorlesen längerer Sequenzen aus seinen Kinder- und Jugendbüchern, Illustrieren und Rezensieren von Büchern und kurzen Texten, Lesekoffer zu Erich Kästner, Lese- und Schreibwettbewerbe, Buchwochen, Besuch einer Buchhandlung und/oder Bibliothek, Beratung von Eltern, Zusammenarbeit mit Experten, Buch-Film-Wochen.
Ein Unterricht, der kindgemäße und buchbezogene Leseformen anbietet, regt die Kinder zur vertieften und kreativen Verarbeitung auch der in der Freizeit gelesenen Bücher an.

Zu diesen Texten bieten sich weiterhin vielfältige Schreibanlässe an, die unterschiedliche Verfahren (system-analytische <-> assoziative, textverändernde) und Formen (Erzählung, Bericht, Brief, Beschreibung <-> Schreibhandlungen) zulassen.
Dabei werden sowohl bestimmte Sprachnormen (Grammatik, Stilistik, Textsorten) berücksichtigt als auch kreative Prozesse im Umgang mit Sprache gefördert.
Die Grundfunktionen sprachlicher Äußerungen (Ich-Orientierung, Sachorientierung, Leserorientierung und Sprachorientierung)[10] werden in unterschiedlichster Weise erfüllt.

Schreibanlässe können sein:

- Parallel-, Um- und Weiterschreiben zu den Schwänken und Märchen
- Nacherzählung
- Freies Schreiben zu einem Bild, Titelbild oder Filmplakat (z. B. Münchhausen)

Lernziele

Lesen: Die Schüler/-innen sollen erzählende Texte kennen lernen und lesen.
Schreiben: Die Schüler/-innen sollen erzählende und kreative Texte zu Kästner-Texten verfassen. Dabei wenden sie die erworbenen Kenntnisse und Kriterien an.

---

8 Außerdem „Gullivers Reisen" und „Leben und Taten des scharfsinnigen Don Quichotte".
9 Hurrelmann, B.: Leseförderung. In: PD 127, 9/1994.
10 Vgl. Abraham, U./Beisbart, O./Koß, G./Marenbach, D.: Praxis des Deutschunterrichts. Donauwörth 1998, S. 26 f.

Materialien

Arbeitsblätter und evtl. Gestaltungsmaterial

Hinweis

Fundamental für diese Arbeit ist, dass die Texte inhaltlich verstanden werden. Die Grundlage sind die Arbeitstechniken wie Zeilen nummerieren und unbekannte Wörter bzw. Sätze unterstreichen und klären.

A Arbeitsaufträge

Lies die Geschichte!

Wörter oder Sätze, die du nicht verstanden hast, solltest du nachfragen oder nachschlagen. Hilfe: Nummeriere die Zeilen, damit du das Wort/den Satz direkt findest. Unterstreiche mit Bleistift und Lineal die unbekannten Wörter oder Sätze.

Übe das laute Vorlesen! Hilfe: Mache dir über die Wörter, die du betonen willst, ein Betonungszeichen.

Hinweis: Die Lehrkraft teilt zum jeweiligen Text eine Karte mit den Arbeitsanweisungen aus.

Die Lese- und Schreibaufträge bieten sich u. a. für die Wochenplanarbeit an. Sie könnten auch als Beitrag zur Benotung herangezogen werden, z. B. Lesenote, Klassenarbeit. Es können noch weitere Geschichten von Till Eulenspiegel, Münchhausen, den Schildbürgern und dem gestiefelten Kater eingesetzt werden.
Den Schülerinnen und Schülern sollte ein Transfer der Inhalte auf die heutige Zeit ermöglicht werden, um die Lese- und Schreibfreude anzuregen.

Auf einer zweiten Karte stehen weitere Möglichkeiten des handlungs- und produktionsorientierten Umgangs mit den Texten.

Suche dir eine Aufgabe aus, zu der du noch etwas gestalten kannst:

Du kannst die Geschichte mit mehreren Kindern spielen.
Überlege, wie viele Rollen ihr besetzen müsst, welche Requisiten ihr braucht und wie der Text gut gesprochen wird.

Du kannst die Geschichte in ein Bildergeschichtenkino verwandeln. Am besten machst du das mit 2–3 Mitschülern. (Für die Bildgestaltung nimmst du Wasserfarben.)

Du kannst zu der Geschichte ein passendes Bild oder eine Collage gestalten.

Du kannst zu dem Text ein Hörspiel oder eine Hörsequenz produzieren. Nimm es auf Kassette auf. Zu Münchhausens Ritt auf der Kanonenkugel kannst du einen Legetrickfilm oder ein Daumenkino herstellen.

B Szenische Umsetzung

Zur Lesemotivation trägt eine Audioproduktion bei. Die Aufnahmen veranschaulichen den Schülerinnen und Schülern ihre Vorträge und tragen zur kritischen Reflexion bei.
In der Audioarbeit könnte eine eigene CD mit gesprochenen Texten und Gedichten aufgenommen werden, ferner wäre die Produktion eines Hörspiels möglich.
Alle Texte eignen sich für eine szenische Umsetzung (z. B. als Stegreifspiel).
Sie bieten zudem die Möglichkeit für eine Gestaltungsarbeit (Umwandeln des Textes in eine Bildergeschichte, einen Comic oder ein Bildergeschichtenkino) oder eine audiovisuelle Umsetzung (einen Legetrickfilm oder Videofilm → siehe die Kapitel Gestalten mit Kästner und Kästners Medienkiste). Zusätzlich können auch die von den Schülerinnen und Schülern produzierten Texte durch die genannten kreativen und medialen Möglichkeiten gestaltet werden.
Für das Schreiben kann auch der Computer eingesetzt werden. Die Textverarbeitung vermittelt vielfältige grundlegende Kenntnisse.

Für die türkischen Kinder könnten die Geschichten von Nasreddin Hodscha, dem türkischen Till Eulenspiegel, zum Unterrichtsgegenstand hinzugezogen werden.

Neben diesen kurzen Texten können mittels einer Bücherkiste die Schüler/-innen zur Lektüre von Kästners Kinderbüchern animiert werden. Sie schreiben zu den Werken kurze Rezensionen unter folgenden Fragestellungen:

1. Wovon handelt die Geschichte?
2. Wer sind die Hauptfiguren?
3. Was hat dir am Buch gut gefallen?

Querverweis

Außerdem sollen die Kinder eine spannende, interessante oder typische Stelle des Buches vorlesen.
Anregungen für die Lektüre können die Schüler/-innen auch aus dem Internet holen. Kurze Inhaltsangaben stehen unter den Links:

http://www.kaestner-im-netz.de/
http://www.ekg.gp.bw.schule.de/kaestner/buecher/index.htm

Auch zu den Illustratoren der Kästnerbücher Erich Ohser, Walter Trier und Horst Lemke finden sie im Internet weitere Informationen unter:

http://www.ekg.gp.bw.schule.de/kaestner/buecher/illustra.htm

Stundenthema: *Wir schreiben eine Fantasierzählung zu Münchhausens Ritt auf der Kanonenkugel*	
Ziel: Verfassen einer Fantasieerzählung	
Einstieg/Motivation Präsentation eines Filmplakates „Münchhausens Ritt auf der Kanonenkugel" mit Hans Albers	Ideensammlung, Cluster
Erarbeitung Kriterien für eine lebendige und spannende Erzählung wiederholen: wörtliche Rede, Ausrufe, passende Adjektive, Erzählverlauf, Überschrift etc. Lehrer/-in: Schreibe eine interessante Geschichte. Die Lehrkraft hat vielfältige Möglichkeiten der individuellen Betreuung der Schüler/-innen.	Wiederholung bekannter Kriterien Transfer auf konkreten Schreibauftrag Differenzierung: Erzählanfänge vorbereiten und auf Streifen schreiben und in eine Dose stecken, evtl. noch zusätzliches Wortmaterial auf Wortkärtchen zur Verfügung stellen
Auswertung Vorstellung der Schülertexte	Schreibkonferenz Vortrag im Sitzkreis oder auf dem Lesestuhl
Zusätzliche Überlegungen Zu Beginn könnte von einer Fantasiereise ausgegangen werden. Geschichten oder ebenso entstandene Bilder und Gedichte könnten für ein Schülerbuch oder die Schülerzeitung gesammelt und veröffentlicht werden.	

Der gestiefelte Kater macht ganze Arbeit

In Wirklichkeit gehören all die Wiesen und Felder aber einem bösen Zauberer, der in der Nähe ein prächtiges Schloss bewohnte und vor dem die Bauern eine Heidenangst hatten.

Deswegen hatten sie dem gestiefelten Kater auch ohne weiteres geglaubt, dass sie in ranzigem Öl gebraten würden, wenn sie ihm nicht folgten. Denn sie hatten ihn für einen Boten des Zauberers gehalten.

Als der Kater im Schloss des bösen Zauberers angekommen war, ließ er durch einen Diener anfragen, ob er dem Herrn Zauberer einen Besuch machen dürfe. Der Diener kam zurück und sagte: „Mein Herr, der Zauberer ist ein schrecklicher Kerl!"

Doch der gestiefelte Kater hatte keine Angst, sondern ging in den Saal, in dem der böse Zauberer an einem Tische saß, verbeugte sich und sagte: „Guten Tag!" Der Zauberer sah ganz abscheulich aus. Ein Riese war er außerdem.

Der Kater nahm darauf keine Rücksicht, sondern fuhr fort: „Ich komme gerade aus Afrika. Dort erzählt man sich, Sie könnten sich in einen Elefanten verwandeln. Ich glaube es aber nicht."

„Du glaubst das nicht?", brummte der Zauberer. „Na warte!" Und ehe man hätte bis drei zählen können, hatte sich der Zauberer doch tatsächlich in einen richtigen Elefanten verwandelt!

Der Elefant spazierte im Saal auf und ab und tat, als wolle er den Kater mit dem Rüssel herunterholen.

„Bitte nicht", sagte der Kater. „Seien Sie so freundlich und verwandeln Sie sich wieder zurück!"

Da verschwand der Elefant und der Zauberer saß wieder an seinem Tisch, als wäre nichts gewesen. „Ich kann noch mehr", sagte er. „Pass gut auf!"

Und schon war aus dem Zauberer ein Löwe geworden, der laut brüllte, mit dem Schweif schlug und tat, als wolle er an der Gardine hochspringen.

Erst als der Kater sehr gebettelt hatte, wurde aus dem Löwen wieder der Zauberer, der am Tische saß.

Der Kater traute sich nur zögernd von seiner Gardinenstange herunter, fasste neuen Mut und sagte: „Sie haben mir ja einen schönen Schreck eingejagt."

„Das freut mich", antwortete der böse Zauberer und lachte fürchterlich.

„In Afrika hat man mir sogar erzählt, Sie könnten sich nicht nur in große, sondern auch in kleine Tiere verwandeln. Können Sie sich zum Beispiel in ein Reh verwandeln?"

„Selbstverständlich", knurrte der Zauberer hochmütig.

„Oder in eine Katze?"

„Natürlich!"

„Fabelhaft!", sagte der gestiefelte Kater. „Sogar in eine Maus?"

„Wenn es weiter nichts ist!", rief der Zauberer.

„So Leid es mir tut", meinte der Kater, „aber dass Sie sich in eine Maus verwandeln können, das halte ich für unmöglich!"

„Unmöglich?", rief der Zauberer und lachte beleidigt. Und ehe man hätte bis drei zählen können, hatte er sich in eine ganz, ganz kleine Maus verwandelt!

„So ist's recht!", rief der Kater. Und ehe man bis eins zählen konnte, hatte er die ganz, ganz kleine Maus aufgefressen!

Dann wischte er sich den Schnurrbart und sagte: „Sooo klein wäre gar nicht nötig gewesen!"

Lies den Text und trage ihn mit mehreren Kindern betont vor.

50 Beachtet dabei, laut und deutlich zu lesen, Pausen zu machen sowie Mimik und Gestik einzusetzen.

Münchhausen

Zwei Jagdabenteuer von Münchhausen

Einmal jagte ich einen Hasen zwei Tage lang. Mein Hund brachte ihn immer wieder heran, aber ich konnte und konnte nicht zum Schuss kommen. Es grenzte an Hexerei, und obwohl ich nicht an derlei glaube, wusste ich keine andre Erklärung. Endlich traf ich den Hasen. Der Hund apportierte ihn, und was,
5 glaubt ihr, sah ich? Das Tier hatte nicht nur die üblichen vier Läufe, sondern auch noch zwei Vorder- und zwei Hinterläufe auf dem Rücken! Waren die zwei unteren Paare müde, warf er sich wie ein Schwimmer herum und rannte auf dem Rücken weiter. Na, nun war er allerdings tot, und dass er acht Läufe statt ihrer vier hatte, war nur noch für meine Gäste und mich wichtig, die ihn auf-
10 aßen. Es war eine Portion mehr. Dass ich ihn überhaupt hatte schießen können, war im Grunde nicht mein Verdienst, sondern das meines damaligen Hundes. Es war ein Windhund, und er übertraf an Schnelligkeit und Ausdauer alle Hunde, die ich je besessen habe. Er lief so oft, so schnell und so lange, dass er sich mit der Zeit die Beine bis unterm Bauche weglief! Während seiner letzten
15 Lebensjahre konnte ich ihn deshalb nur noch als Dackel gebrauchen. Aber auch als Dachshund war er erstklassig. Und ich werde sein Andenken stets in Ehren halten.

Ein andres Mal, aber im gleichen Jagdrevier, stieß ich ganz unerwartet auf einen kapitalen Hirsch, und ausgerechnet an jenem Morgen hatte ich gerade die letzte
20 Flintenkugel verschossen! Das stattliche Tier schien das zu ahnen und blickte mir, statt auszureißen, beinahe ein bisschen unverschämt ins Gesicht. Weil mich das ärgerte, lud ich meine Büchse mit Pulver, streute eine Handvoll Kirschkerne drauf, die ich in der Rocktasche gehabt hatte, zielte zwischen das Geweih des Hirsches und schoss. Er taumelte, als sei er betäubt, trabte dann
25 aber auf und davon.
Ein oder zwei Jahre danach jagte ich wieder einmal im gleichen Revier, und plötzlich tauchte vor mir ein prächtiger Hirsch auf, mit einem veritablen Kirschbaum zwischen dem Geweih! Warte! Dachte ich, diesmal entkommst du mir nicht! Ich streckte ihn mit einem Blattschuß nieder. Und da sein Kirsch-
30 baum voller Kirschen hing, gab es am nächsten Sonntag Hirschrücken mit Kirschtunke. Ich kann euch sagen, es war ein delikates Essen!

Der Ritt auf der Kanonenkugel

Im gleichen Feldzug belagerten wir eine Stadt – ich habe vor lauter Belagerungen vergessen, welche Stadt es war – und Marschall Münnich hätte gerne gewusst, wie es in der Festung stünde. Aber es war unmöglich, durch all die Vorposten, Gräben und spanischen Reiter hineinzugelangen.

5 Vor lauter Mut und Diensteifer, und eigentlich etwas voreilig, stellte ich mich neben eine unserer größten Kanonen, die in die Stadt hineinschoss, und als sie wieder abgefeuert wurde, sprang ich im Hui auf die aus dem Rohr herauszischende Kugel! Ich wollte mitsamt der Kugel in die Festung hineinfliegen!

Während des sausenden Flugs wuchsen allerdings
10 meine Bedenken. Hinein kommst du leicht, dachte ich, aber wie kommst du wieder heraus? Man wird dich in deiner Uniform als Feind erkennen und an den nächsten Galgen hängen!

Diese Überlegungen machten mir sehr zu schaffen.
15 Und als eine türkische Kanonenkugel, die auf unser Feldlager gemünzt war, an mir vorbeiflog, schwang ich mich auf sie hinüber und kam, wenn auch unverrichteter Sache, so doch gesund und munter wieder bei meinen Husaren an.

1. **Du kannst auch ein eigenes Jagdabenteuer erfinden. Münchhausen jagt ein Wildschwein, einen Fuchs, ein Rebhuhn ...**

2. **Stell dir vor, du bist Münchhausen und fliegst auf der Kanonenkugel.**

   Überlege: Was denkst du? Was fühlst du? Was siehst du? Was hörst du?
   Schreibe alle Stichworte und Sätze, die dir einfallen, rund um das Bild.

3. **Du kannst Münchhausen auch seine Geschichten in der heutigen Zeit erzählen lassen.**
   Beispiel: Münchhausen kommt auf der Autobahn in einen Stau, Münchhausen nimmt an einem Wettbewerb im Fernsehen teil, Münchhausen nimmt an den Olympischen Spielen oder der Fußballweltmeisterschaft als ... teil.
   Beachte, dass deine erfundene Geschichte logisch klingt!

Die Schildbürger

Erziehung in einem Tag oder gar nicht

Ein Schildbürger fuhr mit seinem Sohn in die Kreisstadt zum Schulmeister und sagte: „Man rühmt deinen Unterricht. Deshalb möchte ich meinen Jungen ein wenig bei dir lassen." „Was weiß er denn schon?", fragte der Lehrer und hörte dabei nicht auf, einen Schüler zu verprügeln. „Er weiß nichts", antwortete der Schildbürger. „Und wie alt ist er?", fragte der Lehrer weiter. „Erst dreißig Jahre", meinte der Schildbürger entschuldigend, „was kann er da schon gelernt haben! Ich selber bin fünfundsechzig Jahre alt und weiß nicht das Geringste!"

„Also meinetwegen", erklärte der Schulmeister. „Lass ihn hier! Doch wenn er nicht pariert und lernt, kriegt er, trotz seiner dreißig Jahre, von mir genau so viel Prügel, als ob er zwölf wäre!" Das war dem Schildbürger recht. Er versprach auch, die Erziehung gut zu bezahlen. Dann gab er seinem Jungen zum Abschied eine Ohrfeige und wollte gehen.

„Einen Moment!", rief der Lehrer. „Wie lange soll er denn in meiner Schule bleiben, und wann holst du ihn wieder ab?" „Bald", sagte der Schildbürger. „Denn viel braucht er nicht zu lernen. Es genügt, wenn er so viel weiß wie du!" Das verdross den Lehrer ein wenig und er wollte ganz genau wissen, wann der Junge abgeholt würde. „Ganz genau kann ich's dir nicht sagen", meinte der Schildbürger. „Es hängt davon ab, wie lange euer Schmied braucht, meinem Pferd ein Hufeisen festzuschlagen. Es hat auf der Herfahrt sehr geklappert. Sobald das Eisen fest ist, hol ich ihn wieder ab."

„Du bist wohl nicht bei Trost!", rief der Schulmeister. „Und wenn ich deinen Bengel prügelte, bis mir der Arm wehtäte, auch dann müsste ich ihn mindestens ein Jahr hier behalten, damit er etwas lernt!" Da nahm der Schildbürger seinen dreißigjährigen Sohn wieder bei der Hand und suchte das Weite. In der Tür sagte er nur noch: „Dass Lernen weh tut und Geld kostet, mag hingehen. Doch ein Jahr Zeit ist mir dafür zu schade. Dann soll er lieber dumm bleiben wie sein Vater."

1. Lies den Text und trage ihn betont vor.

Beachtet dabei, laut und deutlich zu lesen, Pausen zu machen sowie Mimik und Gestik einzusetzen.

2. Schreibe zu dem Text ein Hörspiel und nimm es auf Kassette auf.

3. Spielt in einer Gruppe die Geschichte nach.

Till Eulenspiegel

Wie Eulenspiegel einem Esel das Lesen beibrachte

Eine Zeit lang beschäftigte sich Eulenspiegel damit, dass er von Universität zu Universität zog, sich überall als Gelehrten ausgab und die Professoren und Studenten neckte. Er behauptete, alles zu wissen und zu können. Und er beantwortete tatsächlich sämtliche Fragen, die sie ihm vorlegten. Bei dieser Gelegenheit kam er schließlich nach Erfurt. Die Erfurter Studenten und ihr Rektor hörten von seiner Ankunft und zerbrachen sich den Kopf, was für eine Aufgabe sie ihm stellen könnten. Denn so wie denen in Prag, sagten sie, soll es uns nicht ergehen. Er soll nicht uns, sondern wir wollen ihn hereinlegen.

Endlich fiel ihnen etwas Passendes ein. Sie kauften einen Esel, bugsierten das störrische Tier in den Gasthof Zum Turm, wo Eulenspiegel wohnte, und fragten ihn, ob er sich zutraue, dem Esel das Lesen beizubringen.

„Selbstverständlich", antwortete Till. „Doch da so ein Esel ein dummes Tier ist, wird der Unterricht ziemlich lange dauern." „Wie lange denn?", fragte der Rektor der Universität. „Schätzungsweise zwanzig Jahre", meinte Till. Und hierbei dachte er sich: Zwanzig Jahre sind eine lange Zeit. Bis dahin stirbt vielleicht der Rektor. Dann geht die Sache gut aus. Oder ich sterbe selber. Oder der Esel stirbt, und das wäre das Beste.

Der Rektor war mit den zwanzig Jahren einverstanden. Eulenspiegel verlangte fünfhundert alte Groschen für seinen Unterricht. Man gab ihm einen Vorschuss und ließ ihn mit seinem vierbeinigen Schüler allein. Till brachte das Tier in den Stall. In die Futterkrippe legte er ein großes altes Buch, und zwischen die ersten Seiten des Buches legte er Hafer. Das merkte sich der Esel. Und um den Hafer zu fressen, blätterte er mit dem Maul die Blätter des Buches um. War kein Hafer mehr zu finden, rief der Esel laut: „I-a i-a!" Das fand Eulenspiegel großartig, und er übte es mit dem Esel wieder und wieder. Nach einer Woche ging Till zu dem Rektor und sagte: „Wollen Sie bei Gelegenheit einmal mich und meinen Schüler besuchen?"

„Gern", meinte der Rektor. „Hat er denn schon Einiges gelernt?"

„Ein paar Buchstaben kann er bereits", erklärte Eulenspiegel stolz. „Und das ist ja für einen Esel und für eine Woche Unterricht allerhand."

Schon am Nachmittag kam der Rektor mit den Professoren und Studenten in den Gasthof, und Till führte sie in den Stall. Dann legte er ein Buch in die Krippe. Der Esel, der seit einem Tag kein Futter gekriegt hatte, blätterte hungrig die Seiten des Buchs um. Und da Eulenspiegel diesmal überhaupt keinen Hafer ins Buch gelegt hatte, schrie das Tier unaufhörlich und so laut es konnte: „I-a, i-a, i-a!"

„I und A kann er schon, wie Sie hören", sagte Eulenspiegel. „Morgen beginne ich damit, ihm O und U beizubringen." Da gingen die Herren wütend fort. Der Rektor ärgerte sich so sehr, dass ihn bald darauf der Schlag traf. Und Till jagte den Esel aus dem Stall. „Scher dich zu den anderen Erfurter Eseln!", rief er ihm nach. Dann schnürte er sein Bündel und verließ die Stadt noch am selben Tage.

1. **Zu dieser Geschichte kannst du eine Bildergeschichte mit 4–6 Bildern entwerfen.**

   Gliedere den Text in 4–6 Abschnitte. Überlege genau, was auf den Bildern dargestellt sein soll. Diese Aufgabe kannst du auch in Partner- oder Gruppenarbeit machen.

2. **Du kannst eine eigene Till-Eulenspiegel-Geschichte erfinden.**
   Was könnte er noch einem Tier beibringen: Rechnen, Klavier spielen usw.

4. Gestalten mit Kästner

Die visuelle Gestaltung von Texten in Kombination mit bildnerisch-gestalterischen Elementen führt zur inhaltlichen Auseinandersetzung mit Texten und zu deren Interpretation. Durch den aktiven und kreativen Zugang eignen sich die Schüler/-innen auf individuelle Weise Literatur an.

Inhaltsübersicht

Die Materialien beinhalten

- die Vorstellung verschiedener Arbeitstechniken für eine kreativ-gestalterische Arbeit mit den Textvorlagen,
- ein Arbeitsblatt zum Herstellen eines Lesezeichens oder Türschildes,
- Beschreibungen der Hexentreppe, der Klappkarte, der Ziehtechnik und der Pop-up-Technik für Karten mit beweglichen Teilen,
- Hinweise für die Gestaltung mit Schrift,
- Beschreibungen für die Produktion eines Bildergeschichtenkinos,
- ein Kästner-Puzzle.

Lernziele

Die Schüler/-innen sollen mit Hilfe der verschiedenen Arbeitstechniken produktiv mit Texten umgehen und sich damit ganzheitlich individuell Literatur aneignen.

- Die Kinder können neue künstlerische Formen und Arbeitstechniken kennen lernen und bekannte vertiefen.
- Fächerübergreifendes Arbeiten wird angeregt.
- Die Kinder können ihr Empathieverhalten trainieren.

(Zusätzliche) Materialien

- farbige Blätter und Karton in verschiedenen Größen
- Filmdose
- Wasserfarben
- Malstifte jeglicher Art
- Arbeitsblätter
- Bastelmaterialien für das Bildergeschichtenkino

Hinweise

Verbindung Bildende Kunst mit Deutsch

Die im Materialteil angeregten Verfahren werden in Verbindung mit ausgewählten Texten gesehen. Es entstehen Lesezeichen, Leporellos oder Grußkarten. Außerdem können Texte in Bildergeschichten umgewandelt werden. Weiterhin bietet sich die Produktion von Comics an.

In den folgenden Beschreibungen werden die unterschiedlichen Gestaltungsmöglichkeiten kurz beschrieben:

- **Leporello**

  Ein langer Papier- oder Pappstreifen wird in gleiche Abschnitte eingeteilt, die jeweils abwechselnd nach vorne und hinten abgeknickt werden. So entsteht eine Art „Ziehharmonika", die mit Texten beschriftet werden kann.

- **Kästner in der Filmdose**

  Zunächst wird ein Papierstreifen wie beim Leporello gefaltet und im Innern einer Filmdose befestigt. Auf diesen Streifen wird ein Spruch geschrieben und eventuell noch mit Bildern versehen. Die Dose kann außen verziert werden, indem z. B. eine Zeichnung von Kästner oder ein Bild eines Buchumschlages oder Filmplakates aufgeklebt wird.

- **Hinstellbücher/Grußkarten**

  Aus einem stärkeren Karton wird eine Grundform ausgeschnitten (Haus, Tür, Fenster etc.). Die zwei Seitenteile werden nach innen geknickt. In die Mitte kann dann der Text geklebt und das Ganze von den Kindern ausgestaltet werden.

- **Lesezeichen**

  Ein Pappstreifen von beliebiger Größe wird oben und unten abgerundet. Es kann auch eine Schablone nach der Vorlage auf dem Arbeitsblatt hergestellt werden, damit alle Kinder die gleiche Form haben.
  Die Texte werden auf den Streifen geschrieben und das Blatt gestaltet. Eine kleine Zeichnung mit Kästners Porträt wird zur Verfügung gestellt, um sie aufzukleben.
  Das Lesezeichen kann laminiert werden.

Lesezeichen

Erich Kästner hat mir mein Buch zugeklappt.
Auf welcher Seite war ich beim Lesen?

Mit einem Kästner-Lesezeichen wäre mir das nicht passiert.

Was brauchst du für ein Lesezeichen?

- *ein Stück Karton*
- *die Schablone (wenn du möchtest)*
- *Lineal und Schere*
- *Buntstifte*
- *ein Stückchen bunte Wolle oder Kordel*
- *eine Lebensweisheit von Kästner*

Lisas Lesezeichen zum Buch „Die Konferenz der Tiere"

Türschild: Bitte nicht stören – Ich lese Kästner.

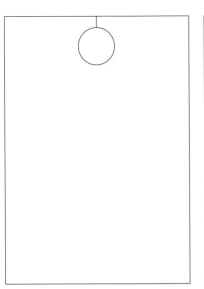

Türschild
Bitte nicht stören – Ich lese Kästner.

Das brauchst du dafür:
- Farbiges Kartonpapier der Größe DIN A6
- Schere

Nimm zunächst ein DIN-A6-Blatt aus farbigem Kartonpapier.
Zeichne einen ca. 4 cm großen Kreis auf,
der 2 cm vom oberen Rand enfernt ist.
Schneide dann den Kreis aus.
Gestalte das Schild u. a. mit einem der Bilder von Erich Kästner.

Bei allen Gestaltungstechniken kann zum Schreiben der Texte auch der Computer verwendet werden (vgl. Kapitel Erich Kästners Medienkiste).

Weitere Gestaltungsmöglichkeiten

- Mit getrockneten Blumen, Stoffen, Wolle, Hölzern, Muscheln, Sand etc. eine Collage anfertigen.
- Die Kinder suchen Fotos, die zu dem jeweiligen Gedicht passen und kleben die Fotos und das Gedicht auf ein Blatt. Anschließend gestalten sie es mit Farben und Materialien (z. B. Holz, Pflanzen, Stoff).

Bilderbuch oder Karte mit beweglichen Teilen

Durch bewegliche Elemente, die in Form von Papierteilen und anderen Materialien im Buch verbunden sind, ist es dem Leser/der Leserin möglich, unter Klappen zu schauen, Bilder zu drehen, durch Aufklappen der Seite Kulissen oder Figuren hervortreten zu lassen (Pop-up), Figuren an Laschen zu ziehen etc.

Einfache Beispiele hierfür sind:

Bastelanleitung „Hexentreppe"

Zuerst malen wir den Gegenstand, der sich bewegen soll, auf Papier.
Diese Figur schneiden wir aus.
Anschließend kleben wir zwei Papierstreifen (1,5 cm breit, 10–12 cm lang) so wie im Bild aneinander.
Abwechselnd knicken wir den einen Streifen dann um den anderen Streifen.
Die Enden kleben wir beim letzten Knick zusammen.
Dann ziehen wir die Hexentreppe auseinander und kleben an einem Ende die Figur fest.
Die bewegliche Figur kleben wir an der richtigen Stelle auf unserer Faltkarte dazu.
(Vorher die Karte gestalten.)

Bildergeschichtenkino

Das Bildergeschichtenkino soll die Kinder anregen, die wichtigsten Szenen eines Textes bildlich darzustellen und in einem „Fernsehkasten" als „Film" zu präsentieren.

Zu den ausgewählten Textstellen werden die inhaltlich passenden Bilder auf Zeichenblockpapier gezeichnet oder mit Wasserfarbe gemalt. Die Bilder werden auf der Rückseite mit Klebeband aneinander geklebt.

Oder die chronologische Bildfolge wird friesartig auf einen langen Papierstreifen (z. B. Tapete) gemalt. Am Anfang und Ende muss sich noch ein leerer Papierstreifen zum Aufrollen befinden. Die Bildfolge wird an den Enden auf eine Papprolle geklebt oder mit Reißzwecken an einem Rundstab befestigt. Der Stab oder die Papierrolle wird auf dem Kartonboden befestigt, wobei auf die Stabilisierung zu achten ist. An den Rollen sollte man oben und unten eine Barriere einbauen (z. B. mit Tesa-Leinenband), damit der Bildstreifen auf der gewünschten Höhe bleibt. Als Führungshilfe kann man oben und unten ein aufklappbares Zeichenpapier anbringen. In diese Halterung wird der Bildstreifen gesteckt. Beim Drehen müssen die Schüler/-innen darauf achten, dass das Bild gespannt bleibt und sie entsprechend dem Text drehen.

An einer Längsseite der Kiste wird der „Bildschirm" sauber ausgeschnitten. Auf die Größe der Bilder achten.

Die äußere Gestaltung der Kino-Kiste vervollständigt die Arbeit.

Für eine Präsentation im größeren Rahmen bietet es sich an, mit Hilfe einer Videokamera das Bildergeschichtenkino per Beamer auf eine Leinwand zu übertragen.

Weitere Alternativen sind: Bauchladentheater, Guckkasten, Bewegungsbild, Schattentheater und das Papiertheater.

Bauplan für ein Bildergeschichtenkino von Dietrich Grünewald:

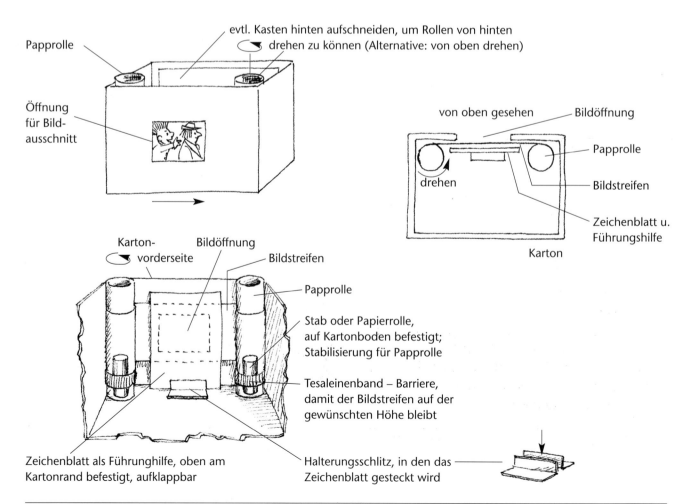

Gestaltung mit Schrift – Plakatgestaltung

Bei der Gestaltung mit Schrift gibt es vielfältige kreative Gestaltungsmöglichkeiten:

- Anfangsbuchstaben (Initiale) ausgestalten
- Wörter durch Bilder ersetzen
- Ideogramme verwenden

Prinzipien der Plakatgestaltung sind:

- Textreduktion
- Angemessene Schriftgröße
- Optischer Blickfang: mit einem Wort, mit einem Bildelement, mit Farbe
- Randabstände, Ausgewogenheit
- Originalität, Kreativität

Plakatgestaltung einer Schülerin

Bastelanleitung „Münchhausen"

Material: 1 Foto oder ein selbst gemaltes Bild, Cutter

Zeichne eine Linie in das Bild, auf der Münchhausen fliegen soll (schwarze Linie).
Schneide die Linie mit dem Cutter ein.
Male die Figur Münchhausens auf Fotokarton auf und schneide sie aus.
Schneide einen Streifen vom Fotokarton an.
Die Lasche ist ca. 2 cm breit und 15–20 cm lang.
(Hängt von der Größe des Bildes ab.)
Schiebe deinen Pappstreifen durch den Schlitz, so dass das obere Ende herausschaut und du am unteren Ende ziehen kannst.
Klebe deine Figur auf das obere Ende der Lasche.
Jetzt kannst du deinen Münchhausen auf seiner Kanonenkugel „reiten" lassen.

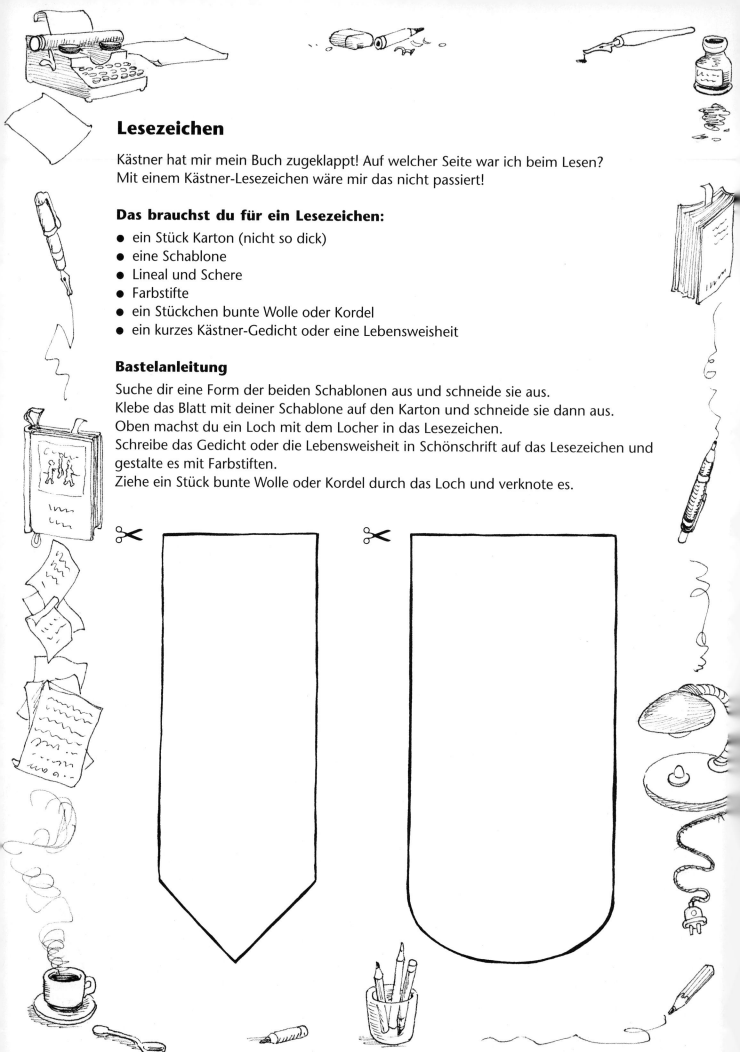

Lesezeichen

Kästner hat mir mein Buch zugeklappt! Auf welcher Seite war ich beim Lesen?
Mit einem Kästner-Lesezeichen wäre mir das nicht passiert!

Das brauchst du für ein Lesezeichen:
- ein Stück Karton (nicht so dick)
- eine Schablone
- Lineal und Schere
- Farbstifte
- ein Stückchen bunte Wolle oder Kordel
- ein kurzes Kästner-Gedicht oder eine Lebensweisheit

Bastelanleitung

Suche dir eine Form der beiden Schablonen aus und schneide sie aus.
Klebe das Blatt mit deiner Schablone auf den Karton und schneide sie dann aus.
Oben machst du ein Loch mit dem Locher in das Lesezeichen.
Schreibe das Gedicht oder die Lebensweisheit in Schönschrift auf das Lesezeichen und gestalte es mit Farbstiften.
Ziehe ein Stück bunte Wolle oder Kordel durch das Loch und verknote es.

Kästner-Puzzle

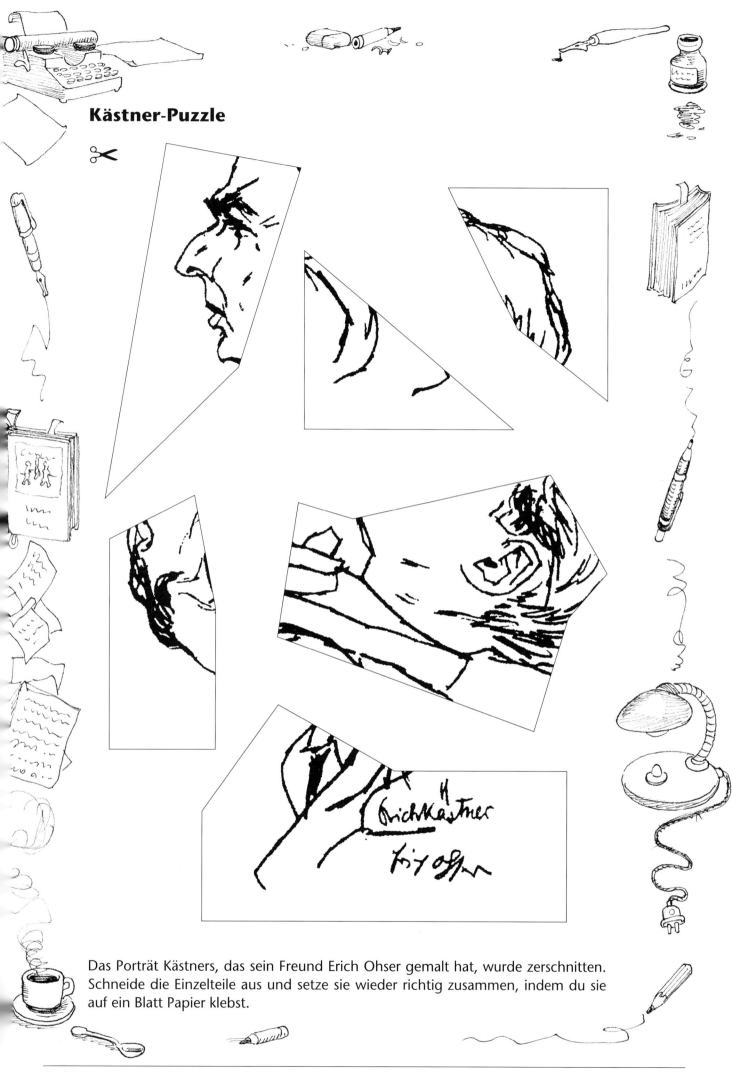

Das Porträt Kästners, das sein Freund Erich Ohser gemalt hat, wurde zerschnitten. Schneide die Einzelteile aus und setze sie wieder richtig zusammen, indem du sie auf ein Blatt Papier klebst.

Gerd Cichlinski: Kinder entdecken Erich Kästner, © Auer Verlag GmbH, Donauwörth

5. Erich Kästners Medienkiste

Handlungs- und produktionsorientierter Deutschunterricht beinhaltet auch den Einsatz von Medien, um die Medienkompetenz der Schüler/-innen zu erweitern. Zum einen können vorhandene audiovisuelle Medien zu Kästner in den Unterricht integriert werden, zum anderen bietet es sich an, selbst mit Medien kreativ umzugehen.

Das Kapitel gliedert sich in rezeptive handlungsorientierte Formen der Filmanalyse und in einen produktionsorientierten Teil mit konkreten Vorschlägen.

Medienkompetenz erwerben Schüler/-innen durch die aktive Auseinandersetzung mit Computer, Kassettenrekorder und Videokamera. Sie lernen neben dem technischen Umgang die Produktionsbedingungen für Filme und Radiosendungen kennen, gleichzeitig werden kreativ-produktive Prozesse initiiert.

Inhalt

Arbeitsvorschläge für die
- produktive Audioarbeit
- Arbeit am Computer (Textverarbeitung), Internetrecherche und Multimediaarbeit
- praktische Videoarbeit

Lernziele

Die Schüler/-innen sollen kreativ-produktiv durch den Einsatz des jeweiligen Mediums einen Text Kästners umsetzen, Informationen medial sammeln, verarbeiten und produktorientiert gestalten.

Technische Ausrüstung

- Computer, Drucker, evtl. Scanner
- Kassettenrekorder, Mikrofon
- Videokamera, Stativ, Mikrofon

Hinweise

1. Audioarbeit:

Für die Audioarbeit können vier unterschiedliche Aufgabenbereiche angeboten werden, die hier von einfach bis komplex aufgelistet sind:
1. Einbezug von Audioproduktionen (z. B. „Als ich ein kleiner Junge war", „Die Konferenz der Tiere")
2. Schülervorträge der ausgewählten Gedichte und Schwänke
3. Befragung von Bürgerinnen und Bürger an der Bushaltestelle, im Geschäft, Eltern, die ihre Kinder zur Schule bringen etc.
4. Erarbeitung einer Magazinsendung, die Gedichte, Schwänke, Textausschnitte aus den Kinder- und Jugendbüchern, eigene Texte, Interviews, Lieder, Sachinformationen zum Lebensweg Kästners beinhalten kann.

Die Aufgabenstellungen 2 und 3 sind relativ einfach zu realisieren, denn es werden nur ein Kassettenrekorder, ein Mikrofon und eine Kassette benötigt.

Der Radiobeitrag kann ebenfalls mit dem Kassettenrekorder aufgenommen werden. Zur professionellen Produktion und Präsentation gibt es entsprechende Audioschnittsoftware. Bei den Aufgabenstellungen 2–4 sollten die Schüler/-innen sprechtechnisch vorbereitet und die Wirkung dieses Mediums entsprechend reflektiert werden.

Vorschlag für den Aufbau eines Radiobeitrages:

1. Titel, Sprecher/Redakteure
2. Musik

3. Anmoderation
4. Umfrage (ca. vier bis sechs Stimmen)
5. Musik
6. Zwischenmoderation
7. Kurzbeiträge: Sachinformation zu Kästner
8. Kästner-Gedicht, Spruch oder Nacherzählung
9. Abspann

Folgendermaßen kann der Radiobeitrag erarbeitet werden:

Stundenthema: *Wir erstellen einen Radiobeitrag: Kennen Sie Kästner?*	
Ziel: Produktion eines Radiobeitrages mit Musik, Interviews und Kästner-Texten	
Einstieg/Motivation	
Fiktiver Beitrag von 2–3 Interviewten zu Kästner (Kassette)	Schüler/-innen äußern sich spontan zum Text (Inhalt und Form)
Erarbeitung	
Technik (einfach bei Kassettenrekorder) Inhalt: Welche Fragen können wir stellen? 　　　　Wie fragen wir? 　　　　Wen wollen wir fragen?	Schüler/-innen nennen Formulierungen
Vorstellung der Interviews und Bewertung	Kleine Schülergruppen (3–4) befragen unterschiedliche Personen (Kinder, Frauen, Männer, ältere und jüngere Leute) an verschiedenen Orten.
Wie könnte nun der Radiobeitrag genau aussehen? Ablaufplan erarbeiten	Tafel oder Plakatentwurf
Erstellung des Ablaufplanes	Textproduktion (Drehbuch)
Zusammenschnitt der Beiträge	Sprechübungen
Auswertung	
Vorstellung der Schülerergebnisse	Sitzkreis: Reflexion des Beitrages (Auswertung mit konkreten Fragen: Was ist gut gelungen? Was können wir noch verbessern? Was habt ihr gelernt?)
Zusätzliche Überlegungen	
Sendung in regionalen Rundfunkkanälen oder im Bürgerfunk ausstrahlen	

2. Computer-Multimediaarbeit

Dieser Aufgabenbereich könnte beinhalten:
- Texte mit einem Textverarbeitungsprogramm schreiben und mit Bildern gestalten.
  - Sprechblasen in Bilder einsetzen
  - Gedichte und Erzählungen mit Bildern als Wasserzeichen unterlegen
  - Gedichte bebildern
  - Weiterschreiben eines Gedichtes oder einer Erzählung
  - Kästner-Buch oder -Zeitung am Computer gestalten
  - Übungen mit Freeware-Programm „Hot Potatoes" lösen (s. Kästner-Quiz)

- Mit dem Programm „Hot Potatoes" eigene Aufgabenstellungen entwerfen (Kreuzworträtsel, Lückentext etc.).

> **Grundlegendes zu „Hot Potatoes"**[11]
>
> „Hot Potatoes" ist ein Autorensystem zur Erstellung von kleinen Lernprogrammen durch den Lehrer/die Lehrerin. Es funktioniert wie ein Baukasten, aus dem man fertige Programmteile auswählen kann, um diese mit spezifischen Inhalten zu füllen. Das Programm „Hot Potatoes", als Freeware im Internet erhältlich, bietet verschiedene Möglichkeiten der Erstellung von interaktiven Übungen. Diese Übungen werden direkt im HTML-Code erstellt und können im Internet bereitgestellt werden. Sie werden auch beim Ausfüllen online berichtigt.
> Selbstverständlich steht es dem Lehrer frei, diese Übungen auszudrucken und wie gewöhnlich auf dem Papier bearbeiten zu lassen. Folgende Übungsformen stehen zur Verfügung: Kreuzworträtsel, Lückentexte, Multiple-Choice-Fragen, Quiz, Wort- und Buchstabenmix. Der Schwerpunkt des Angebotes liegt sicherlich in der Vermittlung von Kenntnissen, der Lernkontrolle und der Wiederholung des Stoffes. Dadurch, dass die Bedienung sehr einfach ist – man muss nur einen Browser bedienen können – eignet sich das Material sehr gut für die schülerzentrierte Einzel-, Partner- oder Gruppenarbeit.

- Die eigenen Texte (Gedichte, Elfchen, Erzählungen etc.) und Bilder zu Kästner auf der schuleigenen Homepage im Netz veröffentlichen.
- Einfache Gestaltungsübungen mit dem Malprogramm „Paint" ausprobieren.
- Mit einem schülergemäßen Präsentationsprogramm (z. B. Powerpoint) die Ergebnisse vorstellen.
- Eine Internetrecherche[12] durchführen.
- Schulen mit Kästners Namen ausfindig machen und per E-Mail mit ihnen in Kontakt treten.
- Lexika auf CD-ROM als Informationsquelle auswerten.
- Einen Bericht für die Schülerzeitung schreiben und mit Bildern gestalten.
- Eine Powerpointpräsentation zum Leben und Werk Kästners erstellen.

All diese Aufgabenstellungen sind sehr abhängig vom Kenntnisstand der Schüler/-innen und der technischen Ausstattung.

Mögliche Arbeitsaufträge für die Arbeit mit dem Computer:

Gestalte deinen oder einen vorgegebenen Text mit Bildern von der Diskette/CD-ROM. Du brauchst dazu aus der Symbolleiste die Funktionen „Grafik einfügen – aus Datei – 3,5 Diskette oder CD-ROM – Bild."

Wenn du in ein Bild noch einen Text einsetzen möchtest, brauchst du zusätzlich die Funktionen: „Zeichnen", „Textfeld", „Autoformen".

---
11 http://www.hotpotatoes.de
12 Vgl. Adressen S. 114/115.

Wenn du unter deinem Text ein Bild durchschimmern sehen möchtest, dann brauchst du folgende Funktionen: „Grafik einfügen – Suche in 3,5 Diskette oder auf CD-ROM – Bild – Bildsteuerung – Wasserzeichen".

3. Filmanalyse

Literaturverfilmungen reduzieren in der Regel die meist ausführlichere Romanvorlage. Sie bevorzugen die aktionsgeladenen Handlungen und vereinfachen oftmals. Die Hauptfiguren stehen durch eine stärkere Charakterisierung mehr im Vordergrund. Oftmals gibt es ein Happyend.[13] Daher sollte man unbedingt im Unterricht einen Vergleich mit der Textvorlage vornehmen.

Kästner ist einer der meistverfilmten deutschen Autoren und hat selbst viele Drehbücher geschrieben. Begonnen hat seine Arbeit mit der ersten Verfilmung von *Emil und die Detektive* 1931. Für die Verfilmung von *Das doppelte Lottchen* gab es 1951 den Deutschen Filmpreis, der Film *Die Konferenz der Tiere* war der erste deutsche abendfüllende Zeichentrickfilm.

Ein Film sollte Bestandteil eines Kästner-Projektes sein. Zur Auswahl stehen verschiedene Versionen beginnend mit den ersten Verfilmungen, zu denen Kästner auch am Drehbuch mitarbeitete bzw. es selbst schrieb, bis zu den Neuverfilmungen der letzten Jahre.[14]

Alle Filme verdeutlichen die jeweilige Generation, in welcher der Film produziert wurde. Ein Filmvergleich kann für die Schüler/-innen von großem Lernwert sein.

> *Emil und die Detektive* 1931, 1954, 2001
> *Pünktchen und Anton* 1953 und 1998
> *Das doppelte Lottchen* 1951 / *Charlie und Louise* 1993
> *Das fliegende Klassenzimmer* 1954, 1973, 2002
> *Die Konferenz der Tiere* 1969

Gerade die Neuverfilmungen sind bei Schülerinnen und Schülern bekannt und beliebt. Sie geben die Gelegenheit zur rezeptiven Filmanalyse.

Was kann die Filmanalyse bewirken?

- Bewusstmachung von Inhalten, Wirkungen, Absichten und Gestaltungsmitteln des Films
- Bewältigung von Filmerlebnissen: Abbau von Angst und Aggression
- Vertiefung von Filminhalten
- Förderung der Kommunikation: miteinander diskutieren, spielen und arbeiten
- Wecken des Interesses

Inhaltsübersicht

Die Materialien beinhalten sechs handlungsorientierte und spielerische Möglichkeiten der Filmanalyse.[15]

Lernziele

Die Schüler/-innen sollen sich den Inhalt des Films erschließen.

---

13 Vgl. Mounier, B.: Das fliegende Klassenzimmer, S. 5.
14 Siehe Film- und Literaturliste S. 115.
15 Vgl. Sommermann-Hupp, B./Vilgertshofer, R.: Medienerziehung in der Schule. In: Pädagogische Welt.10/1996, S. 468 ff.

Materialien

Fernsehgerät, Videorekorder, evtl. Beamer, Kassettenrekorder, CD-Player.

Hinweise

Zum einen bietet sich die von Erich Kästner selbst besprochene Audio-CD „Als ich ein kleiner Junge war" für den Unterrichtseinsatz an. Zum anderen spielt er in der Verfilmung des Buches „Das fliegende Klassenzimmer" von 1954 mit, so dass er auch visuell präsentiert werden kann.

Querverweis

Die Wirkung von Filmen wird wesentlich verbessert, wenn der Film per Beamer gezeigt werden kann. Das Bild wird dabei auf eine große Leinwand projiziert und es entsteht ein Kinoerlebnis, das sich wiederum auf die Schülermotivation auswirkt. Wenn man in der Schule eine Filmwoche zu Kästner veranstalten will, sollte man den Einsatz eines Beamers einplanen.
Zu den neueren Filmen gibt es im Internet weitere Hinweise: http://www.ekg.gp.bw.schule.de/kaestner/k-filme.htm oder http://www.zlb.de/projekte/kaestner/start.htm und http://www.film-kultur.de

A Mediendidaktische Möglichkeiten der Filmanalyse

1. Filmwürfel

Aus starkem Zeichenkarton wird der Mantel eines Würfels ausgeschnitten. Vor dem Zusammenkleben werden auf die sechs Flächen Impulsfragen/-sätze geschrieben.
Nachdem der Film in der Klasse angeschaut wurde, wird in Gruppen reihum gewürfelt und die oben aufliegende Frage beantwortet bzw. die Aufgabe gelöst. Somit wird der Filminhalt grob analysiert.

- Die Musik fand ich …
- Geärgert hat mich …
- Nicht ganz verstanden habe ich …
- Besonders aufgefallen ist mir …
- Nicht gefallen hat mir …
- Am besten gefiel mir …

2. Filmscrabble

Ein Kind schreibt ein Wort auf ein kariertes Papier, das im Zusammenhang mit dem Film steht. Es ist von Vorteil, wenn es ein langes Wort ist (s. Beispiel). Nun muss an einen Buchstaben ein neues Wort angehängt werden, an dieses wieder ein neues usw.
Man kann das Spiel erweitern, indem bei jedem Wort, das aufgeschrieben wird, ein ganzer Satz formuliert wird.

	T						A		K			
F	R	I	E	D	E	N	S	K	O	N	F	E	R	E	N	Z
	E					*		R		I		
	R							I		E		
	G	E	N	E	R	A	L		K		G	
									A			

3. Fragebogen

Ein Fragebogen zu einem Kästner-Film könnte so aussehen:

Fragebogen zum Film „Das fliegende Klassenzimmer"

1. Was war für dich/euch die schönste Stelle im Film?
   _____

2. Welches Lied hat dir/euch besonders gut gefallen?
   _____

3. Was hat dir/euch an diesem Film nicht gefallen?
   _____

4. Welche Unterschiede gibt es zwischen den Filmen von 1954 und 2002?

   Film von 1954   Film von 2002

   …   …
   _____   _____

---

4. Filmquiz

Bevor die Schüler/-innen den Film anschauen, werden sie darauf hingewiesen, besonders auf die 6 W-Fragen zu achten (Wer? Was? Wo? Wann? Wie? Warum?). Die Klasse wird dafür in 2–4 gleich große Gruppen geteilt.
Schon während des Films überlegen sich die Zuschauer/-innen Fragen zu Inhalt und Aussage des Films. Nach dem Film arbeitet jede Gruppe 10–15 Fragen mit Antworten aus. Nach ca. 20 Minuten setzen sich die Gruppen als Quizspieler gegenüber. Ein ausgewählter Gruppensprecher stellt der Gegengruppe (den Gegengruppen) die erste Frage. Die Gegengruppe berät, ihr Sprecher beantwortet die Frage und stellt dann eine Frage an die andere Gruppe. Auf diese Weise werden abwechselnd die Fragen gestellt und beantwortet. Für jede richtige Antwort gibt es einen Filmpunkt, den jeder Gruppensprecher oder der Lehrer/die Lehrerin notiert.
Beispiel: Wer eröffnet im Film die Konferenz? Wie kommen die Tiere zur Konferenz?

5. Bilderpuzzle verbunden mit einem Cluster

Die Kinder setzen zunächst das Puzzle zu einem Bild zusammen und kleben es auf ein weißes Blatt Papier. Dies kann in Einzel-, Partner- oder Gruppenarbeit geschehen.
Anschließend schreiben sie rund um das Bild alles auf, was ihnen dazu einfällt (Wörter oder Sätze). Diese Bildbetrachtung kann dann für die weitere unterrichtliche Arbeit verwendet werden.

6. Filmschnipsel

Um den Handlungsablauf des Films zu sichern, können einzelne Dosen mit Filmschnipseln an die Schüler/-innen verteilt werden. Auf den Papierstreifen sind bestimmte Filmsequenzen knapp und schülergemäß aufgeschrieben.

Beispiel: Titelbild zu Emil und die Detektive

In Partner- oder Gruppenarbeit oder im Sitzkreis müssen dann die Filmschnipsel in die richtige Abfolge geordnet werden. Dadurch wird der Inhalt spielerisch wiederholt.

Anmerkungen zur praktischen Videoarbeit[16]

Bei der praktischen Videoarbeit bieten sich ebenfalls verschiedene Arbeitsmöglichkeiten an. Die Vorschläge sind von einfach bis komplex gestaffelt:

- Interviews zum Thema aufzeichnen
- Gedichte und Sprüche vortragen und mit Videokamera aufzeichnen
- Magazinsendung erstellen (vgl. Audioarbeit)
- Gedicht szenisch darstellen und filmisch gestaltend aufnehmen (erfordert erste Filmerfahrungen: Drehbuch, Filmsprache, Schnitt, Regie)
- Legetrickfilm zu Münchhausen „Der Ritt auf der Kanonenkugel"
- Verfilmung eines Bildergeschichtenkinos

Geburtstagsgäste mit der „roten Grete"

Querverweis

Wenn bei Audio-, Videoproduktionen und Internetauftritten Musik zur Untermalung eingesetzt wird, müssen rechtliche Aspekte – z. B. GEMA – berücksichtigt werden.
Für die praktische Medienarbeit bieten sich alle Texte und Bilder in den anderen Kapiteln an.

---

16 Die Bilder im Buch entstammen dem Videofilm „Das verhexte Telefon", den die Klasse 4b der GS Oberdorf im Februar 2004 drehte. Ausgezeichnet wurde er mit dem Förderpreis des Landesmedienzentrums Rheinland-Pfalz im November 2004 bei den 21. Videofilmtagen in Gera.

Zwei praktische Anregungen für die Durchführung von zwei Filmprojekten

1. Legetrickfilm

Die einfachste Möglichkeit für einen Legetrickfilm ist:

1. Hintergrundbild oder -foto auswählen (hier: Festung Ehrenbreitstein in Koblenz mit Kaiser Wilhelm Denkmal auf dem Deutschen Eck)
2. Bild von Münchhausen auf der Kanonenkugel malen und ausschneiden
3. Kamera auf ein Stativ aufbauen
4. Figur mit der Funktion „Photoshot" aufnehmen
5. Figur minimal bewegen – Aufnahme
6. Figur minimal bewegen – Aufnahme usw.
7. So werden nacheinander alle Aufnahmen von dem „Ritt" Münchhausens gemacht.
8. Beim Aufnehmen muss darauf geachtet werden, dass die eigenen Hände nicht im Bild sind.
9. Bei dieser Form können nur drei Kinder aktiv sein: Eines bewegt Münchhausen, eines löst die Kamera aus, eines ist der Regisseur.
10. Den Zusammenschnitt muss der Lehrer oder die Lehrerin machen. Ein digitales Schnittprogramm erleichtert die Arbeit.
11. Entweder wird der Text zu den Bildern gesprochen oder es wird Musik unterlegt.
12. Und fertig ist der Film zur Präsentation.

2. Gedichtverfilmung „Das verhexte Telefon"[17]

Alle Schüler/-innen der Klasse werden in das Projekt eingebunden und haben entsprechend ihren Fähigkeiten eine Aufgabe: Schauspieler/-in, Kameramann/-frau, Ton, Requisite, Regieassistent/-in.
Die inhaltliche Auseinandersetzung mit einem Text intendiert literarische, medienbildnerische, methodische und soziale Ziele.
Die Schüler/-innen müssen den kompletten Prozess einer Filmproduktion selbst durchführen (Ausnahme: Filmschnitt).

Ziele des Videoprojektes

- einen Text gliedern und szenisch umsetzen und daraus einen Drehbuchentwurf entwickeln
- Einführung in die Kameratechnik
- Einführung in die Filmsprache (Einstellungsgröße, Bildkomposition, Perspektive, Wort-Bild-Ton-Beziehung)
- den Drehbuchtext auswendig lernen und szenisch darstellen
- Fehler im Film und in der szenischen Darstellung entdecken, beschreiben und Verbesserungsvorschläge machen
- Gestaltung und Wirkung der Bilder analysieren und evtl. neu aufnehmen
- ansatzweise kennen lernen, wie ein Film produziert wird

Technische Ausrüstung

- 2 DV-Kameras
- 2 Stative
- Zusatzmikrofon
- digitales Schnittsystem

---

17 Unser Film „Das verhexte Telefon" hat eine Länge von 5.46 Min. Der komplette Film wurde an zwei Unterrichtstagen jeweils von 8–12 Uhr abgedreht. Einen kurzen Ausschnitt kann man im Internet unter http://medienbildung-gs.bildung-rp.de sehen.

Verlauf

- Lesen des speziellen Textes
- inhaltliche Interpretation
- Erarbeitung einer szenischen Umsetzung
- Erarbeitung eines Exposés
- Umsetzung mit der Videokamera
- Reflexion der gedrehten Sequenzen
- Filmschnitt durch den Lehrer/die Lehrerin
- Filmabnahme und Gesamtreflexion durch die Klasse

Hinweise für die Filmaufnahmen

1. Erarbeitung der Filmtechnik und Filmsprache

Ein Filmteam besteht aus 2–3 Schülerinnen und Schülern, ein Kind filmt, ein zweites kontrolliert die Einstellungsgröße und das dritte Kind kümmert sich um das Stativ und die Kabel.

Die wichtigsten Regeln des Filmens werden eingeübt:

1. Die **Bedienung** der Videokamera wird erklärt und demonstriert. Eine Beschränkung auf die wesentlichen Elemente (Ein-Aus-Schalter, Sucher, Motorzoomtaste, Aufnahme-Start-/Stopp-Taste, Objektivkappe) genügt fürs Erste. Mit einer DV-Kamera zu filmen, ist sehr vorteilhaft, weil

   - diese kleine, handliche Kamera leicht zu bedienen und zu tragen ist,
   - der ausklappbare LCD-Monitor es den Kindern ermöglicht, ein optimales Bild zu sehen,
   - sie eine hervorragende Bildqualität liefert, die für die digitale Bildbearbeitung vorteilhaft ist.

2. Zur **Übung** wird ein bestimmter Gegenstand oder Mensch aufgenommen; diese ersten Bilder werden analysiert. Die durch das Fernsehen bestimmten Sehgewohnheiten der Schüler/-innen führen in der Regel dazu, dass sie erkennen, welche Schwächen und Fehler ihre Aufnahmen enthalten.

3. Daraus ergibt sich die systematische Aufarbeitung der **Einstellungsgrößen** und **Perspektiven**. Eine Reduktion auf die fünf wichtigsten Einstellungen (Totale [T], Halbnah [HN], Amerikanisch [A], Groß [G], Detail [D]) ist für die ersten Aufnahmen sicherlich ratsam.

4. Dem schließen sich die Darstellung der Perspektiven (Frosch-, Vogelperspektive, Augenhöhe) an. Zur Veranschaulichung kann ein Plakat aufgehängt werden, das Vergrößerungen der Darstellungen von Einstellungsgrößen und Perspektiven zeigt. Während der Filmaufnahmen kann darauf zurückgegriffen werden.

5. Danach werden die **Kamerabewegungen** (Schwenk, Zoom, Stand) praktisch demonstriert.

Gleichzeitig wird in dieser ersten Filmphase die Arbeit mit dem **Stativ** als bedeutsam herausgestellt.

Ein **externes Mikrofon** verbessert den Ton der Videoaufnahme und sollte unbedingt eingesetzt werden, denn der Filmbetrachter möchte entsprechend seinen Sehgewohnheiten keine verwackelten Bilder betrachten und keinen unverständlichen Ton hören.

2. Einstudieren der einzelnen Szenen

Die Schauspieler/-innen proben ihre kurzen Szenen.

3. Aufnahme

Nachdem die Kameraleute mit der Technik sich vertraut gemacht haben und die Schauspieler/-innen ihren Text gelernt und geprobt haben, werden die beiden Gruppen zusammengeführt und jede Sequenz wird aufgenommen. Die Kameraleute filmen nach der Drehbuchvorlage und situativer Absprache ihre Takes (Einstellungen). Das Kamerateam muss zunächst den richtigen Standort der Kamera ausprobieren. Die aufzunehmenden Einstellungen werden kurz durchgesprochen. Gerade zu Beginn der Filmarbeit müssen die Kinder Sicherheit gewinnen, dass sie die richtige Aufnahme machen.

Die Schauspieler/-innen proben die zu spielende Szene, während die Kameraleute darauf achten, dass die Akteure im Bild bleiben und die Einstellung stimmt:

- Ist die Handlung bzw. die agierende Person richtig im Bild?
- Haben wir Gegenlicht?
- Sind keine störenden Gegenstände im Bild?
- Stimmt der Ton?

Bei den Proben können noch notwendige Verbesserungen eingebaut werden. Manche Szenen müssen mehrfach gedreht werden, weil sich Schauspieler versprechen, Störungen oder technische Probleme auftreten.

Es ist hilfreich, wenn man eine Szene zwei- bis dreimal filmt, um für den Filmschnitt eine Auswahl der besten Szenen (Darstellung, Betonung des Textes, Bild-Ton-Aufnahme) zu haben.

Worauf man achten sollte:

- Die Filmausstattung mit Requisiten erhöht die Motivation.
- Die Aufnahme des Originaltones sollte trotz des technischen Aufwandes optimal gestaltet werden.
- Der Zeitrahmen sollte nicht zu knapp bemessen sein.
- Ein Casting ist sinnvoll. Die Darstellung und Wirkung einzelner Schauspieler/-innen im Film ist oft anders als beim szenischen Spiel.
- Eine Kooperation mit einer Kollegin/einem Kollegen hilft bei der intensiven Arbeit.

4. Drehbuchentwurf: Das verhexte Telefon[18]

Rollen und Aufgaben

Schauspieler/-in: Grete, Pauline, Herta, Mutter,
5 Mädchen
Erzählerin
Bürgermeister
Finanzminister Stein
Direktor der Stadtbank
Intendant der Oper
Klassenlehrer

Kameraleute: 2 × 2 Teams
Ton: 1–2 Kinder
Regieassistent: 1
Requisite

rote Grete am Telefon

---

18 Ein Filmausschnitt ist zu sehen unter http://medienbildung-gs.bildung-rp.de/31.O.html.

Take	Personen	Text	Spielanweisung	Kamera	Requisite/Musik
0	Titel	**Das verhexte Telefon nach Erich Kästner**			Musik
1	*Erzähler* liest vor Grete Pauline Hertha Mutter 5 Mädchen	*Neulich waren bei Pauline sieben Kinder zum Kaffee.*	Kinder trinken Kakao, essen Kuchen, sprechen laut, singen, schreien	W/HN	Kaffeetisch, 8 Stühle, Tischdecke, Kuchen, Gedecke etc.
2	Erzähler	*Und der Mutter taten schließlich von dem Krach die Ohren weh.*	Mutter hält sich die Ohren zu	G	
3	Mutter	*Deshalb sagte sie: „Ich gehe. Aber treibt es nicht zu toll. Denn der Doktor hat verordnet, dass ich mich nicht ärgern soll."*		G	
4			Mutter geht aus dem Zimmer	HN	
5	Erzähler	*Doch kaum war sie aus dem Hause, schrie die rote Grete schon:*	Kinder trinken weiter Kakao und essen Kuchen	A	
6	Grete	*„Kennt ihr meine neuste Mode? Kommt mal mit ans Telefon."*		HN	
7	Erzähler alle 8 Kinder	*Und sie rannten wie die Wilden an den Schreibtisch des Papas.*	Kinder laufen ans Telefon	W	Schreibtisch, Telefon
8	Erzähler Grete	*Grete nahm das Telefonbuch, blätterte darin und las.*	Grete blättert im Telefonbuch	N	Telefonbuch
9	Erzähler Grete	*Dann hob sie den Hörer runter, gab die Nummer an und sprach:*	Grete nimmt den Hörer ab und wählt die Nummer	N	
10	Grete	*„Ist dort der Herr Bürgermeister?"*		G	
11	Bürgermeister	*Er sagt: „Der Bürgermeister ist am Apparat."*	Bild vom Bürgermeister am Telefon	A	
12	Grete	*Ja? Das freut mich. Guten Tag!*		G	

13	Grete	Hier ist Störungsstelle Westen. Ihre Leitung scheint gestört. Und da wäre es am besten, wenn man Sie mal sprechen hört.		G/A	
14	Bürgermeister	„Es gibt nichts Gutes, außer man tut es."		G	
15	Grete	„Klingt ganz gut. Vor allen Dingen bittet unsere Stelle Sie, prüfungshalber was zu singen. Irgendeine Melodie."	G/A		
16	Erzähler alle 8 Kinder	Und die Grete hielt den Hörer allen sieben an das Ohr. Denn der brave Bürgermeister sang „Am Brunnen vor dem Tor".	Lied ist nur zu hören	HN	Lied „Am Brunnen vor dem Tore …"
17	Erzähler alle 8 Kinder	Weil sie schrecklich lachen mussten, hängten sie den Hörer ein.	alle lachen, Grete hängt den Hörer ein	HN	
18	Erzähler Grete	Dann trat Grete in Verbindung mit Finanzminister Stein.	Grete wählt	G	
19	Finanzminister Stein	„Hier, Finanzminister Stein."	Bild vom Finanzminister	A	anderer Hintergrund, Telefon
20	Grete	„Exzellenz, hier Störungsstelle. Sagen Sie doch dreimal ‚Schrank'."		G	
21	Finanzminister Stein	„Schrank."		A	
22	Grete	„Etwas lauter, Herr Minister!"		A	
	Finanzminister Stein	Stein sagt: „Schrank! Schrank!"		G	
	Grete	„'Tschuldigung und besten Dank."			
23	Erzähler Hertha	Wieder mussten alle lachen, Hertha schrie „Hurra!" und dann riefen sie von neuem lauter berühmte Männer an.	Mädchen wählt	HN	
24	Erzähler	Von der Stadtbank der Direktor sang zwei Strophen „Hänschen klein".	Bild vom Direktor, Direktor singt	G	anderer Hintergrund, Telefon, Lied

25			Mädchen wählt	N	
26	Erzähler	*Und der Intendant der Oper knödelte die „Wacht am Rhein".*	Bild vom Intendant, Intendant singt	A	anderer Hintergrund, Telefon, Lied
27	Mädchen		Mädchen wählt	N	
28	Erzähler alle 8 Kinder	*Ach, sogar den Klassenlehrer rief man an. Doch sagte der:*	Bild vom Klassenlehrer	HN	anderer Hintergrund, Telefon
29	Klassenlehrer	*„Was für Unsinn! Störungsstelle? Grete, Grete! Morgen mehr!"*		G	
30	Erzähler	*Das fuhr allen in die Glieder.*	zusammenzucken	HN abblenden	
31	Erzähler	*Was geschah am Tage drauf!*		dunkel	
32	Alle Kinder!! Grete	*Grete rief: „Wir tun's nicht wieder."*	Blick in die Klasse	W aufblenden G	Klassenzimmer
33	Klassenlehrer	*Doch er sagte: „Setzt euch nieder. Was habt ihr im Rechnen auf?"*		A	
34	Abspann				Musik

Die Abkürzungen in der Spalte „Kamera" kennzeichnen die Einstellungsgrößen der Filmsprache:

W = Weit
HN = Halbnah
A = Amerikanisch
N = Nahaufnahme
G = Großaufnahme

6. Lernspiele rund um Kästner

Mit Lernspielen können im Deutschunterricht unterschiedliche Zielsetzungen angestrebt und verwirklicht werden. In einem handlungsorientierten Deutschunterricht wird das Spiel so konstituiert: „Konzentration bei aller Gelöstheit, sich den Regeln stellen bei aller Freiheit, Leistung auf dem Wege des Spielens bei aller Offenheit gegenüber dem Resultat."[19]

Vier Funktionen sind bei den einsetzbaren Spielen relevant:
- Motivationsfunktion
- Wiederholung und Vertiefung des Gelernten
- Übungsfunktion
- Kontrollfunktion

Daraus ergibt sich die Frage nach dem didaktischen Ort. Die Lernspiele sollten als ein fester Bestandteil in den Unterricht integriert werden und nicht als Lückenfüller dienen. Eine spielanregende Atmosphäre im Klassenzimmer (z. B. Schaffung von Freiräumen, Spielecken) ist dafür förderlich.

Bei den Lernspielen wird auf bekannte Spieltechniken zurückgegriffen. Dadurch sind die Spielregeln bekannt und die Schüler/-innen können ihr erlerntes Wissen selbstständig üben und wiederholen. Auch soziale Aspekte wie das Kennenlernen und Einhalten von Spielregeln werden durch die Lernspiele gefördert.[20]

Inhaltsübersicht

Die Materialien enthalten Kopiervorlagen für
- ein Kreuzworträtsel (erstellt mit dem Programm „Hot Potatoes")
- das große Erich-Kästner-Würfelspiel, das 2–4 Spieler/-innen durchführen können. Es werden zusätzlich zu dem Spielbrett, das sich hinten als Anlage befindet, ein Würfel und 4 Spielsteine benötigt. Die Spieler/-innen würfeln im Uhrzeigersinn. Wer auf ein Ereignisfeld kommt, muss die jeweilige Frage beantworten.
- das große Kästner-Quiz mit selbst erstellten Fragen; die Schüler/-innen sollen auch in diesem Lernbereich weitestgehend einbezogen werden. Sie formulieren die Fragen und müssen damit auch die Antworten kennen. Dieses Spielfeld wird auf Folie kopiert.
  Spielregel: Die Klasse teilt sich in zwei Gruppen (A und B) auf. Jede Gruppe schreibt ca. 15 Fragen zu Kästner auf. (Es müssen mehr als 10 Fragen sein, denn sonst kann bei Nichtbeantwortung von Fragen die Anzahl von 10 Punkten nicht erreicht werden.)
  Wird der Schwierigkeitsgrad erhöht, kann bei diesem Spiel eine leistungsbezogene Differenzierung erfolgen.

Lernziel

Die Schüler/-innen sollen spielerisch ihre Kenntnisse zu Kästner überprüfen und anwenden.

Material

- Overheadprojektor (für Folie)
- Spielsteine und Würfel
- Spielmaterial der Kopiervorlagen

Hinweis

Für die Lehrerin/für den Lehrer bedeutet der Einsatz eines der Lernspiele, dass sie/er die notwendigen Texte und Informationen in ihre/seine Unterrichtseinheit integriert haben muss.

Es sollte immer ein Freiraum dafür bestehen, dass die Schüler/-innen eigene Ideen, Fragen und Spielanweisungen noch einbringen können.

---

[19] Menzel, W.: Spiel ist das Vergnügen, sich selbst auszuloten. In: Spielzeit, Spielräume in der Schulwirklichkeit. Friedrich Jahresheft XIII 1995, S. 73.
[20] vgl. Abraham, U./Beisbart, O./Koß, G./Marenbach, D.: Praxis des Deutschunterrichts. Donauwörth 1998, S. 167–171.

Das große Erich-Kästner-Würfelspiel

1. Start: Wer eine 2 würfelt, beginnt das Spiel.
   (Eine 2, weil Erich Kästner im Februar geboren wurde.)
2. 1899 wird Kästner in … geboren.
   Wenn du es nicht weißt, musst du 1-mal aussetzen.
3. … wird Kästner in die Volksschule eingeschult.
   Wenn du das Jahr weißt, darfst du zusätzlich 1-mal würfeln.
4. Welchen Beruf will Kästner zuerst erlernen? Die gewürfelte Augenzahl wird verdoppelt, wenn du die richtige Antwort weißt. Bei falscher Antwort musst du 1-mal aussetzen.
5. 1929 schrieb Kästner sein erstes Kinderbuch. Wenn du es nicht kennst, musst du zurück auf Ereignisfeld 4.
6. Nenne einen Filmtitel. Wenn du keinen kennst, musst du zurück auf Ereignisfeld 4.
7. Der Titel eines seiner Kinderbücher handelt von zwei Mädchen. Das Buch heißt … Du weißt die Antwort nicht, dann darfst du nur mit einer 2 weiter.
8. Beende den Spruch: „Es gibt nichts Gutes, …" Wenn du ihn beenden kannst, darfst du 3 Felder vorrücken, sonst musst du 3 Felder zurück.
9. 1949 schrieb Kästner ein Buch über Tiere. Wie heißt der Titel? Wenn du ihn kennst, darfst du 3 Felder vorrücken, sonst musst du 3 Felder zurück.
10. Was passierte 1933 mit Kästners Büchern? Wenn du es weißt, darfst du auf 13 vorrücken. Weißt du es nicht: 1-mal nur mit 1 weiter.
11. Kästner schrieb ein paar bekannte Nacherzählungen. Für jede richtige Antwort rückst du 2 Felder vor.
12. Kästner hatte einen berühmten Freund, der gerne etwas zu Vater und Sohn zeichnete. Kannst du den Namen nicht nennen, darfst du die nächsten 2 Runden nur mit einer geraden Augenzahl weitergehen.
13. 1954 kommen im Kino die Filme … Für jede richtige Antwort rückst du 2 Felder vor.
14. Seit 1946 wohnte Kästner in … Bei der richtigen Antwort darfst du nochmals würfeln.
15. Nenne ein Gedicht von Kästner. Du kennst keins, 1-mal aussetzen.
16. Kästner starb im Jahr … Weißt du die Antwort nicht, bringt dich nur noch eine 6 ins Ziel.

Lösungen

2. Dresden
3. 1906
4. Lehrer
5. Emil und die Detektive
6. Emil und die Detektive, Das fliegende Klassenzimmer, Das doppelte Lottchen, Pünktchen und Anton, Die Konferenz der Tiere
7. Das doppelte Lottchen
8. … außer man tut es.
9. Die Konferenz der Tiere
10. Sie wurden von den Nationalsozialisten verbrannt. Außerdem erhielt er Schreibverbot.
11. Der gestiefelte Kater, Münchhausen, Till Eulenspiegel, Die Schildbürger, Gullivers Reisen, Don Quichotte
12. Erich Ohser/e.o.plauen
13. Das fliegende Klassenzimmer, Emil und die Detektive
14. München
15. Arno schwimmt Weltrekord, Das verhexte Telefon, Der Preisboxer, Ferdinand saugt Staub, Kicherfritzen, Übermut tut selten gut, Weltreise durchs Zimmer
16. 1974

Das Kästner-Kreuzworträtsel

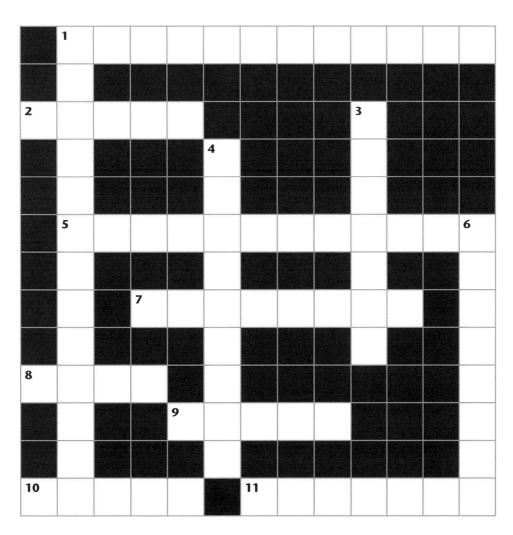

Waagerecht:

1. Münchhausen ritt darauf …
2. Münchhausen hatte einen Adelstitel
5. Er ärgerte gerne die Leute. Till …
7. In dieser Stadt stirbt Erich Kästner.
8. Er und seine Freunde fassen einen Dieb.
9. Seine Freundin heißt Pünktchen.
10. Dieser Mann malte die Bilder zu den Büchern Kästners. Walter …
11. In dieser Stadt wurde Kästner geboren.

Senkrecht:

1. Dieser Raum kann fliegen.
3. Das Tier trägt besondere Schuhe.
5. Die Tiere treffen sich zu einer …
6. Das Buch handelt von zwei Mädchen.

Das große Kästner-Quiz (1)

Ziel

- 10 sehr schwere Frage
- 9 Zusatzfrage möglich
- 8 Scherzfrage
- 7 leichte Frage
- 6 Filmfrage
- 5 schwere Frage
- 4 Kinderbuch-Frage
- 3 leichte Frage
- 2 Jahreszahl-Frage
- 1 leichte Frage

Start

Das große Kästner-Quiz (2)

Frage- und Antwortspiel

Spielmaterial:

- 2 Spielsteine
- Kopie des Spielplans auf Folie
- Overheadprojektor

Spielregel:

Die Klasse teilt sich in zwei Gruppen (A und B) auf.
Jede Gruppe schreibt 11 Fragen zu Kästner auf. **Wichtig:** Beachtet die Spielhinweise leichte Frage, Jahreszahl-Frage, schwere Frage usw.
Wenn beide Gruppen ihre Fragen notiert haben, geht das Spiel los.
Zunächst wird ausgelost, welche Gruppe beginnt.
Der Spielleiter bzw. die Spielleiterin legt die zwei Spielsteine auf die Folie.
Die beginnende Gruppe stellt ihre Frage, die von der anderen Gruppe beantwortet wird.
Für jede richtig beantwortete Frage wandert der Spielstein auf der Folie in Richtung Ziel.
Gewonnen hat die Gruppe, die als erste das Ziel erreicht hat.

Wenn ihr es besonders schwer machen wollt, dann muss jede Gruppe schon bei der Erarbeitung der Fragen festlegen, wer im Spiel welche Frage stellen wird und damit auch welche gegnerische Frage er beantworten muss. Beispiel: Spieler Nr. 2 stellt dem Gegenspieler Nr. 2 seine Frage zur Jahreszahl.

7. Zusatzmaterial

1. Musik für das Kästner-Projekt

Mein kleiner grüner Kaktus

dt. Text: Hans Herda
Musik: Bert Reisfeld/Albrecht Marcuse
Satz: Erich Unterholzner

Viele kleine Leute

Text: afrikanisches Sprichwort
Musik: Detlev Jöcker
Aus: Das Liederbuch zum Umhängen 1.
© Menschenkinder Verlag u. Vertrieb GmbH, Münster

2. Arbeitsplan und Plakat

Für das selbstständige Arbeiten empfiehlt es sich, den Schülerinnen und Schülern einen präzisen Arbeitsplan vorzulegen, damit sie wissen, in welchen Zeiträumen sie arbeiten und welche Arbeiten sie zu welchen Zeitpunkten abgeben müssen.

Dieser Plan kann jedem Kind an die Hand gegeben werden. Es reicht aber auch, den Plan vergrößert in der Klasse aufzuhängen, damit er präsent ist.

Plakat (S. 79) „Was ich Kästner einmal sagen wollte!"

Die Zeichnung von Erich Ohser wird auf DIN A3 vergrößert auf ein großes Plakat geklebt. Die Schüler/-innen haben während der gesamten Unterrichtseinheit die Möglichkeit, ihre Meinung zu dem Thema und dem Schriftsteller zu äußern.

Zum einen erfährt der Lehrer bzw. die Lehrerin eine kontinuierliche Rückmeldung, wie die Schüler/-innen den Autor Erich Kästner erleben, zum anderen bietet das Plakat für die abschließende Reflexion des Projektes eine gute Grundlage für Gesprächsanlässe.

Das Kästner-Projekt der Klasse ____

Pflichtaufgaben sind   **bis zum**

1. Das Gedicht auswendig lernen	_____
Ein Gedicht oder eine Geschichte vortragen	_____
2. Wir schreiben ein **Diktat zu Kästners Leben** am	_____
3. Wir schreiben einen **Aufsatz am**	_____
4. Aufgaben aus dem Bereich Bildende Kunst	_____
5. Abgabe der Kästner-Mappe am	_____

Freiwillig kannst du abgeben: gemalte Bilder, Texte, Spiele

Was ich Kästner einmal sagen wollte!

8. Die Konferenz der Tiere – ein Leseprojekt

Erich Kästner schrieb dieses Buch noch unter den Eindrücken des Zweiten Weltkriegs. Es erschien erstmalig 1949.

Sein Antikriegsbuch bietet in einer Zeit mehrerer internationaler Konflikte eine Vielzahl von Möglichkeiten, die Kinder für diese Thematik zu sensibilisieren. Es ist und bleibt ein aktuelles Thema, das im Unterricht immer wieder thematisiert werden sollte.

Kästner setzte seine Hoffnung auf Veränderung in die Kinder; daher sind sie seine Adressaten. Auch wenn sie seine ironischen Seitenhiebe vielleicht nicht immer genau verstehen, so spüren sie doch sein Anliegen und können sich über die Tiere als die zentralen Handlungsträger in die Problematik einfühlen. Die Tiere sind in diesem Buch die besseren „Menschen", die für eine verloren gegangene Menschlichkeit stehen.[21]

Inhalt

Die Tiere treffen sich zu einer Konferenz, weil sie dem Verderben der Menschheit durch Kriege im Interesse der Kinder ein Ende bereiten wollen. Zunächst vernichten Mäuse und Motten alle Akten und Uniformen, um die Politiker und Militärs als Verantwortliche für die Kriege zum Einlenken zu bewegen. Als das nichts nützt, entführen die Tiere alle Kinder der Menschen. Erst jetzt lenken die Staatsmänner im letzten Moment ein und unterzeichnen einen Friedensvertrag mit fünf Punkten.

Das Buch wurde illustriert von Walter Trier. Die Zeichnungen verstärken den Text und sind für Kinder sehr ansprechend. Auch wenn in der behandelten Buchausgabe die Bilder nur schwarz-weiß sind, so helfen sie doch bei der Erarbeitung des Textes. Grundlage ist die Buchausgabe des Cecilie Dressler Verlags Hamburg (1990), auf die sich die gesamten Unterrichtsmaterialien beziehen.

Es empfiehlt sich, das Buch in 11 Kapitel einzuteilen, um die Schüler/-innen mengenmäßig nicht zu überfordern und um Zeit für die Erschließung des Inhalts und Gehaltes einzuräumen.

Zentrales Lernziel

Die Schüler/-innen sollen das Kinderbuch „Die Konferenz der Tiere" lesen und sich den Inhalt erschließen, indem sie die Aufgaben dazu lösen.

Materialien

- Arbeitsblätter für ein Lesetagebuch
- Spielsteine bzw. Wäscheklammern für das Quiz
- Zeichen- und Bastelmaterialien

Hinweis

Einen direkten Bezug zum Buch (S. 42) kann handlungs- und schülerorientiert über den Bau eines Hauses der Tiere hergestellt werden. Die Schüler bauen in Schuhkartons Zimmer des Hochhauses der Tiere nach. Diese werden übereinander gestapelt und miteinander verklebt. Die Gestaltung der Kartons bleibt der Fantasie der Kinder überlassen.

Das Hochhaus der Tiere (Modell)

---

21 Vgl. Haas, G.: Das Tierbuch. In: Lange, G. (Hrsg.): Taschenbuch der Kinder- und Jugendliteratur. Baltmannsweiler 2000, S. 296 f.

Sehr motivierend wirkt ein selbst gestaltetes Quizfeld, das aus den Bildern besteht, welche die Kinder zu ihren Tiersteckbriefen, Lesezeichen etc. gezeichnet haben.
Das Spielfeld wird an die Tafel geheftet.
Die Spielsteine sind ebenfalls zwei Tiere.
Die Zeichnungen werden auf eine Holzwäscheklammer geklebt.

Querverweis

1. Der Zeichentrickfilm „Die Konferenz der Tiere" (1969) von Curt Linda war der erste abendfüllende deutsche Zeichentrickfilm. Er ist 95 Minuten lang.
   Zur Veranschaulichung und zum Vergleich einzelner Buchszenen sollte der Film in den Unterricht einbezogen werden. Insgesamt aber ist er für viele Grundschüler zu langatmig und inhaltlich zu komplex.[22]
2. Für den Unterricht ist sicherlich die Audio-CD „Die Konferenz der Tiere" in der Hörfassung von James Krüss[23] besser geeignet. Es gibt zwei einfache Einsatzmöglichkeiten:
   1. Mit dem Abspielen der CD kann man im Unterricht den Fortgang der Geschichte vorantreiben. Das Hörerlebnis wird geschult. Viele Kinder kennen Literatur oftmals über Hörkassetten, daher wird mit diesem Einsatz an die Medienerfahrung angeknüpft.
   2. Im Vergleich Buch und CD finden die Kinder sehr schnell die Unterschiede heraus. Darüber hinaus bietet sich ein Gespräch über die Unterschiede der beiden Medienprodukte an.

Selbst gestaltetes Quizfeld

---

22 Tornow, I.: Erich Kästner und der Film. München 1998, S. 74.
23 Erich Kästner: Die Konferenz der Tiere. Hörfassung von James Krüss. Teldec 1967/1988.

Die Konferenz der Tiere

Vorbereitung und Erklärung

Am Ende des Lesetagebuchs findest du Worterklärungen. Das Verzeichnis ist nach den einzelnen Kapiteln gegliedert. So kannst du unbekannte Wörter direkt nachschlagen. Wenn du ein weiteres Wort nicht verstehst, fragst du bitte.

Zu unserem Buch gibt es zu jedem Kapitel verschiedene Aufgabenstellungen.

Es gibt **Pflichtaufgaben** und **Wahlaufgaben**.

Die Pflichtaufgaben helfen dir, den gelesenen Text besser zu verstehen.
Die Wahlaufgaben sind zusätzlich und du kannst dir aus dem Angebot etwas aussuchen.

Am Ende eines Kapitels sollst du immer **3 Fragen** aufschreiben, die wir für ein Spiel oder Quiz später gebrauchen können (Was war dir in dem Kapitel wichtig? Was könntest du in einem Quiz andere Kinder fragen?). Lege dir dazu als letzte Seite des Lesetagebuches ein eigenes Blatt an mit der Überschrift: *Meine Fragen:* Hier trägst du zu jedem Kapitel 3 Fragen (leicht bis schwer) ein. Hüte die Fragen wie einen Schatz und verrate nichts!

Außerdem findest du noch

- ein Blatt mit Tierbildern. Trage hier die Namen der abgebildeten Tiere ein.
- ein Blatt mit einer Weltkarte. Trage hier wichtige Länder und Städte ein, die im Buch vorkommen.
- ein Blatt mit verschiedenen Aufgabenstellungen. Wähle dir die Aufgabe aus, zu der du am liebsten etwas schreiben möchtest.

Du kannst zu dem Buch auch alleine oder mit anderen etwas zeichnen, basteln oder eine Szene daraus spielen.

Am Ende des Buches hast du dazu dein eigenes Lesetagebuch.
Denke daran, dass du deine Mappe ordentlich und sauber führst.

Die Konferenz der Tiere

Kapitel 1: S. 5–11

Aufgaben:
1. Lückentext ausfüllen
2. Informationen sammeln

1. Fülle den Lückentext aus.

Alois, Leopold und Oskar sprechen über die Menschen. Leopold beschreibt, was sie alles können.

Sie können _____ wie _____

_____ wie _____

_____ wie _____

_____ wie _____

_____ wie _____ .

Alois wirft den Menschen vor, dass sie nur _____, _____, _____,

_____, _____ hervorbringen.

Deshalb müsste etwas geschehen, vor allem _____ .

Zu Hause lesen sie die Zeitungen. Vier Jahre nach dem Zweiten Weltkrieg gibt es

_____

_____

_____

2. Oskar beklagt, dass es vielen Menschen auf der Welt schlecht geht.
Weißt du, wo es heute Kriege und Konflikte auf der Erde gibt?
Schreibe Stichwörter dazu auf. Frage deine Eltern nach Ursachen und Gründen. (Hilfe gibt es in Zeitungen, der Kindernachrichtensendung logo, im Internet.)
Schneide einen Zeitungsartikel dazu aus und klebe ihn auf die Rückseite dieses Blattes.

Schreibe die 3 Fragen zu diesem Kapitel auf, die wir am Ende für unser Spiel einsetzen können!

Gerd Cichlinski: Kinder entdecken Erich Kästner, © Auer Verlag GmbH, Donauwörth

Die Konferenz der Tiere

Kapitel 2: S. 11–17

Aufgaben:
1. Tiernamen auf den Bildern ergänzen
2. Welche Aussage ist richtig?
3. Rechtschreibung: doppelte Konsonanten

1. **Welche Tiere kommen in diesem Kapitel neu hinzu?**

   Schreibe ihre Namen unter die passenden Bilder auf der nächsten Seite.

2. **Welche Aussage ist richtig? Kreuze sie an.**

   a) Oskars Idee ist, er will

   ☐ *die Menschen endlich vertreiben*   ☐ *einen Krieg gegen die Menschen führen*

   ☐ *eine Konferenz abhalten*   ☐ *sich bei den anderen Tieren ausweinen*

   b) Die anderen Tiere finden die Idee   ☐ *super*   ☐ *merkwürdig*

   ☐ *irre gut*   ☐ *aufregend*

   c) Sie wollen   ☐ *nichts davon wissen*   ☐ *sich nicht blamieren*

   ☐ *lieber weiter nur schimpfen*   ☐ *die Menschen ärgern*

3. **Schreibe alle Wörter, die auf S. 16 und 17 einen doppelten Konsonanten haben, in die Tabelle.** (Hilfe: Es sind insgesamt 22 Wörter.)

ff	
ll	still
mm	
nn	
pp	
rr	
ss	
tt	

4. **Betrachte einmal genau die Bilder S. 12 und 13.**

Denke an die Fragen für unser Spiel!

Die Konferenz der Tiere

Kapitel 2: S. 11–17

Die Tiere im Buch „Konferenz der Tiere" haben Eigennamen.
Schreibe sie – sobald sie im Buch vorkommen – unter das jeweilige Tier.

_____ _____ _____

_____ _____ _____

_____ _____ _____

_____ _____ _____

Die Konferenz der Tiere

Kapitel 3: S. 18–31

Aufgaben:
1. Rätsel
2. Reisevorbereitungen der Tiere
3. Zuordnungsübung

1. Markiere alle Tiernamen farbig! (Hilfe: 23 Tiere)

B	X	K	P	A	P	A	G	E	I	X	R	X	H	O	J
R	Y	A	S	T	R	A	U	S	S	K	E	M	U	H	P
I	Z	E	C	R	Q	F	K	H	S	G	N	V	N	C	O
E	T	N	H	J	R	J	A	L	U	R	T	E	D	W	L
F	I	G	W	I	E	S	E	L	H	J	I	F	F	G	A
T	N	U	A	X	G	Y	F	C	V	B	E	N	M	V	R
A	T	R	L	A	E	S	E	F	G	F	R	O	S	C	H
U	E	U	B	Y	N	T	R	Z	Y	X	C	V	B	M	U
B	N	K	E	O	W	P	T	R	P	I	N	G	U	I	N
E	F	W	Q	W	U	R	Z	P	M	N	V	A	C	Y	D
Q	I	R	H	I	R	S	C	H	B	N	M	Z	Y	X	W
W	S	T	U	V	M	O	E	W	E	G	Z	E	B	R	A
X	C	K	O	L	I	B	R	I	P	O	W	L	Q	E	F
Y	H	V	A	N	T	I	L	O	P	E	L	L	H	J	F
K	A	K	A	D	U	N	M	S	C	H	N	E	C	K	E

2. Die Tiere bereiten sich auf die Reise vor.
Wer geht wohin und was lässt er dort machen?

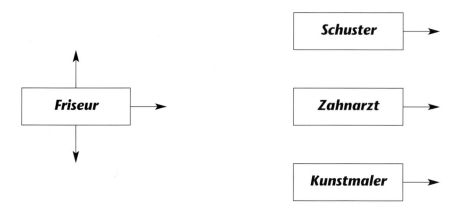

Fortsetzung
Kapitel 3: S. 18–31

3. Hast du eine lustige Idee, was andere Tiere vor Reiseantritt machen könnten?
(z. B. die Giraffe, der Pinguin, der Regenwurm, das Zebra, die Schildkröte)
Notiere sie hier!

_____
_____
_____
_____
_____
_____

4. Ordne die Tiere den Verben zu, die ihre Tierstimme genau beschreiben!

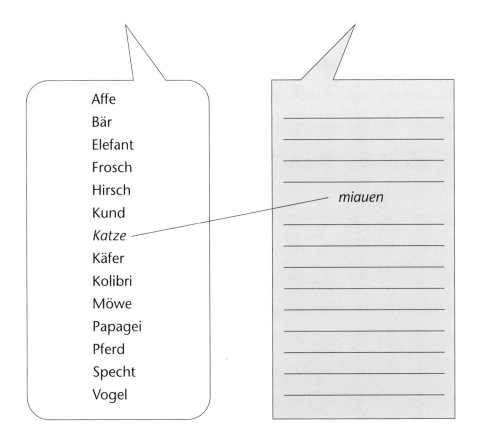

Affe
Bär
Elefant
Frosch
Hirsch
Kund
Katze —— *miauen*
Käfer
Kolibri
Möwe
Papagei
Pferd
Specht
Vogel

Denke an die Fragen für unser Spiel!

Die Konferenz der Tiere

Kapitel 4: S. 32–41

Aufgaben:
1. Geheimschrift
2. Textfragen
3. Cluster „Deine Reisevorbereitungen"

1. **Was nehmen die Tiere alles zu essen mit?
   Löse dazu die Geheimschrift.**

   | | | | | | | | | | | | | | | | | | | | | | | | |

   _____   _____   _____   _____   _____

2. **Setze die drei Wörter in Geheimschrift um.**

   Hafer   Wabenhonig   Brathühnchen

3. **Schreibe alle Bilderbuchtiere auf, die verschwinden.** (S. 41)

   _____

4. **Was fällt dir alles zum Thema „Reisen" ein? Erstelle ein Cluster.**

   (Reisen)

Denke an die Fragen für unser Spiel!

Die Konferenz der Tiere

Kapitel 5: S. 42–64

Aufgaben:
1. Zuordnungen in Zeichnung und Tabelle
2. Ergänzungen

1. Schreibe auf, was sich in den einzelnen Zimmern befindet.

2. Der Marabu erfüllt die Wünsche seiner Gäste.

Reinhold	Max	Leopold	Schmetterling	Krokodil	Delfin
will	will	will	will	will	will

3. Fünf Tiere bringen fünf Kinder aus fünf Kontinenten mit. Fülle die Tabelle aus!

Tier					
Kind					
Kontinent					

Denke an die Fragen für unser Spiel!

Die Konferenz der Tiere

Kapitel 6: S. 64–73

Aufgaben:
1. Textarbeit: Forderung der Tiere
2. Kreuzworträtsel lösen

Paul fordert im Namen der Tiere von den Menschen:

Löse das Kreuzworträtsel: Die Tiere findest du auf dem Bild S. 68–69.

1	X						X	X	X	X	X	X	X
2													
3	X	X	X					X	X	X	X	X	
4	X												
5	X	X	X				X	X	X	X	X	X	
6	X	X	X					X	X	X	X	X	
7	X										X	X	
8	X	X					–					X	
9	X	X	X	X	X					X	X	X	

1. dieses Tier sitzt am Fenster
2. braun und sitzt auf dem Spruchband
3. schwarz und weiß, kommt aus China
4. schwimmt im Bassin
5. grau, schreibt vor dem Rednerpult
6. liegt auf dem Teppich
7. hängt im Kronleuchter
8. raucht eine Zigarre
9. schwarz-weiß gestreift (sitzt S. 69)

Lösungswort: ___ ___ ___ ___ ___ ___ ___ ___ ___

Denke an die Fragen für unser Spiel!

90 KOPIERVORLAGE Gerd Cichlinski: Kinder entdecken Erich Kästner, © Auer Verlag GmbH, Donauwörth

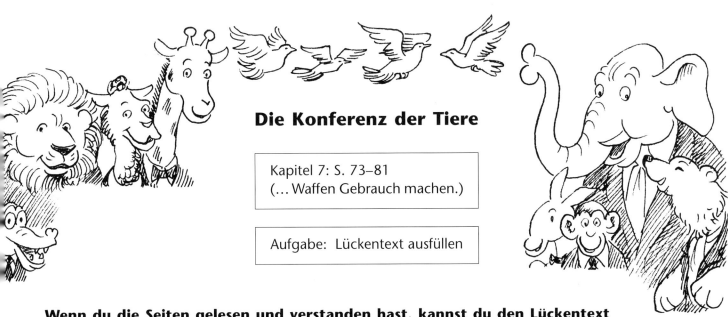

Die Konferenz der Tiere

Kapitel 7: S. 73–81
(… Waffen Gebrauch machen.)

Aufgabe: Lückentext ausfüllen

Wenn du die Seiten gelesen und verstanden hast, kannst du den Lückentext problemlos ausfüllen.

General _____ besuchte die Tiere und gab ihnen die

_____ der Kapstadter Konferenz.

In dem Schreiben stand, dass die Tiere _____

_____ .

Darüber war Oskar sehr _____ .

Bevor sie sich gute Nacht sagten, schauten Paul, Alois und Oskar nach

_____ .

Oskar war böse auf die Herren in Kapstadt. Er bezeichnete sie als _____ ,

_____ , _____ , _____ .

Da hatte _____ eine Idee. _____ und _____

zerknabberten alle _____ .

Alois sprach: „Eure _____ waren eurer _____ im Wege.

Es _____ !"

Die Staatsmänner ließen aber _____ der vernichteten Akten aus den

_____ kommen. Die Aktenschränke wurden vom _____ bewacht.

Denke an die Fragen für unser Spiel!

Die Konferenz der Tiere

Kapitel 8: S. 81–90
(… Das war ein kurzes …)

Aufgaben:
1. Lückentext
2. Zusammengesetzte Nomen

1. Lies dir den Buchtext genau durch, dann fülle den Lückentext aus.

_____ hatte die zweite Idee, als die _____ gegen die Lampe flog.

Ein Mottenschwarm schwirrte durch die Luft und zerfraß alle _____.

Reinhold sagte: „Eure _____ stehen der _____ und der

_____ im Wege. Es _____!"

2. In unserem Buch stehen viele zusammengesetzte Nomen. Zerlege sie in ihre einzelnen Bestandteile.

(Bsp.: die Himmelsrichtung = der Himmel + s + die Richtung; der Stoßzahn = der Stoß + der Zahn)

das Kunststück _____
das Wagenfenster _____
der Reiseproviant _____
der Sonntagsanzug _____
das Hosenbein _____
der Zahnarzt _____
das Rangabzeichen _____
der Fingernagel _____
der Staatsmann _____
das Konferenzgebäude _____

Denke an die Fragen für unser Spiel!

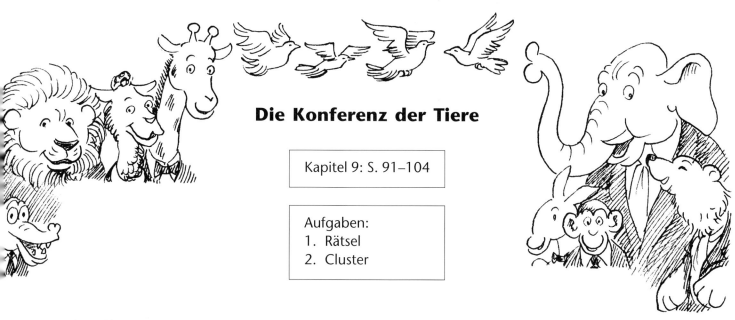

Die Konferenz der Tiere

Kapitel 9: S. 91–104

Aufgaben:
1. Rätsel
2. Cluster

1. Lies dir den Buchtext genau durch, beantworte dann die Fragen des Rätsels.

1. Wer sagt, dass es keinen Sinn mehr habe?
2. Wer bekommt daraufhin einen Wutanfall?
3. Wie viele Tage soll die Konferenz eigentlich dauern?
4. Wer verschwindet am letzten Tag?
5. Wie wird der Tag später in den Geschichtsbüchern heißen?
6. Wem gibt Oskar die Schuld an der Entführung?
7. Um wie viel Uhr endet die Konferenz der Tiere?
8. Wohin fliegt die Tierdelegation?
9. Wie geht es den Kindern?
10. Wer wird Lehrer der Kinder?

1							X	X	X	X	X	X	X
2						X	X	X	X	X	X	X
3				X	X	X	X	X	X	X	X	X
4						X	X	X	X	X	X	X
5												
6												
7					X	X	X	X	X	X	X	X
8							X	X	X	X	X
9			X	X	X	X	X	X	X	X	X	X
10								X	X	X	X

2. Betrachte das Bild auf Seite 100/101. Schreibe auf, was die Kinder machen.

Die Kinder

Denke an die Fragen für unser Spiel!

Die Konferenz der Tiere

Kapitel 10: S. 105–108

Aufgaben:
1. Lückentexte ausfüllen
2. Eigene Vorschläge

1. Lies dir den Buchtext genau durch und fülle danach den Lückentext aus.

Die Staatsmänner mussten den Vertrag mit den Tieren unterschreiben.
Es gibt

a) keine _____   b) keine _____

c) keine _____   d) keine _____ mehr.

Die Polizei achtet darauf, dass

_____.

Die Büros und Beamten sind

_____.

Die Lehrer werden die bestbezahlten Beamten, weil die Erziehung

_____ ist.

Das Ziel der Erziehung ist: _____.

2. Welche Vorschläge hast du, die noch in den Vertrag aufgenommen werden sollten?

_____

_____

_____

_____

Denke an die Fragen für unser Spiel!

Die Konferenz der Tiere

Kapitel 11: S. 109–112

Aufgabe: Textarbeit

1. Welche Aussage ist richtig? Unterstreiche sie farbig.

1. Ein junges Mädchen gibt Herrn Zornmüller einen neuen Namen:

    Wutmaier   Schlaumeier   Blödmeier   Hausmaier

2. Oskar hat   500 Pfund abgenommen   400 kg abgenommen

    400 Pfund zugenommen   400 Pfund abgenommen

3. Alois, Oskar, Leopold sitzen   in Kapstadt   am Tschadsee

    in London   zu Hause

4. Eine neue Straße soll benannt werden:

    Oskarstraße   Paulstraße   Leopoldstraße   Aloisstraße

5. In Südaustralien kommt   Fridolin aus der Erde   springt das Känguru umher

    landet der Pinguin   lacht eine Schildkröte

Denke an die Fragen für unser Spiel!

Die Konferenz der Tiere

alle Kapitel

Aufgabe: Schreiben

Suche dir die Aufgabe aus, die du gerne bearbeiten möchtest.

1. **Schreiben zu einem Bild**

   Suche dir ein Bild aus. Lies dir die Anregungen durch.

   S. 34: Schließe die Augen und stelle dir vor, du sitzt im Wal. Zunächst ist es dunkel. Ihr schwimmt im Meer. Was siehst du? Was hörst du? Was fühlst du? Wer ist noch bei dir? Was passiert auf deinem Weg zum Hochhaus der Tiere?

   S. 35: Schließe die Augen und stelle dir vor, du sitzt auf dem fliegenden Teppich. Um dich herum Flugzeuge und Vögel. Was siehst du? Was hörst du? Was passiert auf deinem Weg zum Hochhaus der Tiere?

   S. 47: Schließe die Augen und stelle dir vor, du sitzt auf dem Eisberg. Zunächst ist es bitterkalt. Ihr treibt auf dem Meer. Es wird allmählich wärmer… Was siehst du? Was fühlst du? Was passiert auf deinem Weg zum Hochhaus der Tiere?

   Du kannst auch zu einem anderen Bild, das dir gefällt, eine Geschichte erfinden.

2. **Schreibe ein Elfchen oder ein Akrostichon zum Buch.**

3. **Suche dir ein Tier aus, das dich sehr interessiert. Schreibe zu diesem Tier einen kurzen Steckbrief.**

   Benutze dafür ein Lexikon, das Internet etc.

   Hilfe: Dein Steckbrief sollte folgende Fragen beantworten:

   – Wie heißt das Tier?
   – Wo lebt es?
   – Was frisst es gerne?
   – Was ist an ihm besonders interessant?

   Zeichne ein Bild von ihm oder füge ein Bild ein.

4. **Auch du bist im Haus der Tiere als Konferenzteilnehmer. Schreibe eine Postkarte nach Hause.**

Die Konferenz der Tiere

alle Kapitel

Wahlaufgaben:
1. Seltsame Fragen
2. Sprichwörter
3. Intelligenztest

1. **Seltsame Fragen, die man im Buch findet.**

   S. 51: Warum wünschen sich Krokodile Sperlinge, die in ihrem Rachen umherspazieren?

   S. 59: Warum sind Pinguine und Schneehühner Vögel, obwohl sie nicht fliegen können?

2. **Im Text finden sich Sprichwörter. Was bedeuten sie?**
   Ordne sie und die anderen Sprichwörter den Erklärungen zu.

sich schwarz ärgern	**sich etwas merken**
den Kopf in den Sand stecken	**etwas erfahren**
von etwas Wind kriegen	**von einer Sache nichts mitbekommen wollen**
Bis dahin läuft noch viel Wasser den Rhein runter.	**es wird viel Zeit vergehen**
mit dem Kopf durch die Wand wollen	**etwas nicht sehen wollen**
Tomaten auf den Augen haben	**etwas unbedingt durchsetzen wollen**
sich etwas hinter die Ohren schreiben	**sich sehr ärgern**

3. **Hast du übrigens herausgefunden, wo das Hochhaus der Tiere steht?**

   _____

4. **Heute verschickt man sehr selten Telegramme. Mit welchen technischen Mitteln würden die Tiere heute eine Konferenz einberufen?**

   _____
   _____
   _____

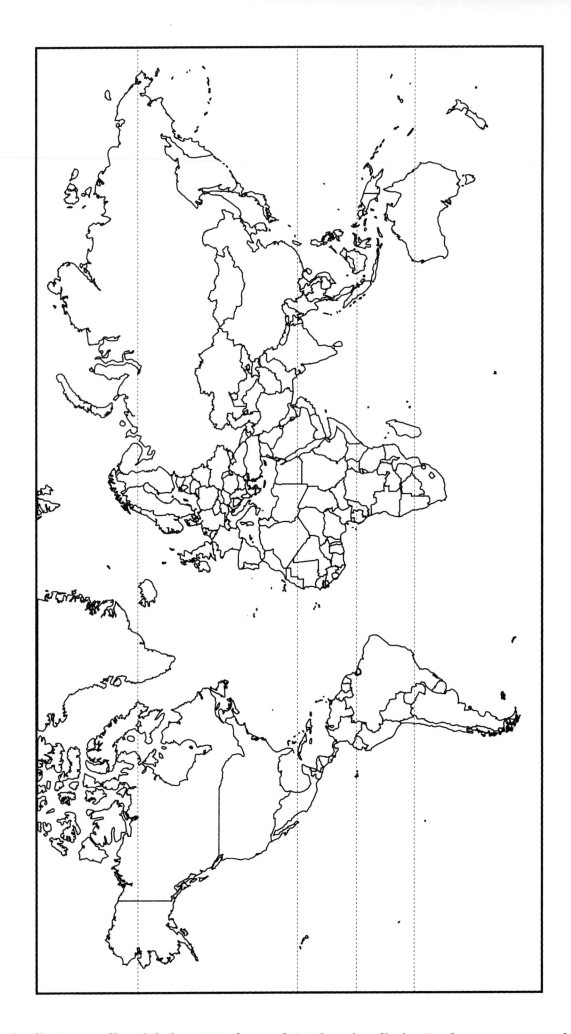

Trage in die Karte alle wichtigen Länder und Städte ein, die im Buch genannt werden.

Die Konferenz der Tiere

Worterklärungen

Kapitel 1

Atombombe	Die Atombombe ist eine der gefährlichsten Waffen der Menschen. Sie zerstört für viele Jahre alles Leben durch die radioaktive Verseuchung.
Balanceakt	Bei einer Sache das Gleichgewicht halten.
Emigranten	Menschen, die aus politischen, religiösen, wirtschaftlichen Gründen ihr Heimatland verlassen. → Auswanderer
Illustrierte	Zeitschrift mit bunten Bildern
Konferenz	Besprechung, Zusammenkunft von Experten
Kommission	Ausschuss: Eine Gruppe von Menschen erhält einen bestimmten Auftrag.
Luftangriff	Im Krieg greifen Flugzeuge mit Bomben und Raketen an.
Revolution	Empörung, Aufruhr, Auflehnung; zum Beispiel: Menschen lehnen sich gegen einen König oder Staat auf.
sengte ab	brannte ab
Schwarzer Markt	= Schwarzmarkt: geheimer, verbotener Markt, auf dem mit nicht bzw. nur schwer erhältlichen, gestohlenen oder geschmuggelten Waren gehandelt wird. (Nach dem Krieg z. B. Butter.)
Streik	Arbeitsniederlegung: Arbeiter gehen nicht zur Arbeit, um ihre Forderungen (mehr Geld, bessere Arbeitsbedingungen) durchzusetzen.
Toupet [sprich: Toupe]	Halbperücke, Haarersatz
Turm zu Babel	Geschichte aus der Bibel: Die Menschen wollten in Babel einen Turm bis in den Himmel bauen. Gott fand die Idee beleidigend und verwirrte die Menschen. Sie redeten aneinander vorbei, stritten sich, stellten den Bau ein und verließen Babel in alle Himmelsrichtungen.
Tschadsee	liegt in Nordafrika
Vetter	Cousin
Weltkrieg	Krieg, an dem sehr viele Staaten in der Welt beteiligt sind 1. Weltkrieg 1914–1918, 2. Weltkrieg 1939–1945

Die Konferenz der Tiere

Worterklärungen

Kapitel 2

Abordnung	Jemand wird zu einer Versammlung geschickt.
anberaumen	Für jemanden einen Termin oder Ort für ein Treffen bestimmen.
Außenminister	Er ist der Minister einer Regierung und vertritt alle Dinge seines Staates in anderen Ländern.
Kabinettsitzung	Es ist eine Sitzung aller Minister einer Regierung.
Resultat	Ergebnis
Stelzfüßler	Vögel mit langen Beinen: Flamingos, Reiher, Störche

Kapitel 3

ausgreifen	mit großen Schritten rasch galoppieren oder traben
aufgeplustert	Vögel machen sich durch das Plustern der Federn größer.
Mittsommernacht	Naturerscheinung in den Polargebieten. Die Sonne scheint noch um Mitternacht. Es wird nicht dunkel.
Morsezeichen	Samuel Morse hat die Morseschrift erfunden. Jeder Buchstabe des Alphabets wird in lange und kurze Stromimpulse umgesetzt, die wir als Striche oder Punkte auf Papier sehen. So werden Nachrichten verschickt.
schnarren	klanglose, hölzerne Laute von sich geben

Kapitel 4

Delegierte	Abgeordnete, die zu einer Versammlung geschickt werden
Geysir	Es ist eine Springquelle, die in bestimmten Zeitabständen Wasser ausstößt. Sie findet man z. B. in Island, USA.
Maniküre	Pflege der Hände, besonders der Fingernägel
ondulieren	Mit einer heißen Brennschere werden die Haare gewellt. Heute nimmt man dafür einen Lockenstab.
Pleureuse [sprich: Plörös]	lange (herabhängende) Straußenfeder an Frauenhüten
stolzieren	stolz einherschreiten

Die Konferenz der Tiere

Worterklärungen

Kapitel 5

Flottille	Verband kleinerer (Kriegs-)Schiffe
Pier	Damm oder Brücke, Anlegestelle für Schiffe
Reiseproviant	Verpflegung für eine Reise
Visum	Das ist ein Vermerk in einem Pass, der jemandem erlaubt, die Grenze eines anderen Landes zu überschreiten und einzureisen.
Wasserfontäne	ein Springbrunnen

Kapitel 6

Akademie	Hochschule
Bengalen	liegt im Norden von Indien, dort lebt im bengalischen Dschungel der bengalische Löwe
Debattieren	sich aussprechen über eine Sache, diskutieren
Diplom	Zeugnis, Urkunde
Dresseur	Dompteur, bringt Tieren z. B. kleine Kunststücke bei
exotisch	fremdartig, fremdländisch
Hydroplane	Wasserflugzeug
Hymne	Festgesang, wird zu Ehren einer Person oder Sache gesungen
Institut	Bildungs- oder Forschungsanstalt
Konservatorium	Hochschule für Musik
Kubikmeter	Maß für einen Rauminhalt
Raritätenmuseum	Rarität ist ein seltener und darum wertvoller Gegenstand.
Sanatorium	Erholungsheim, Kurheim, wo sich Menschen unter ärztlicher Aufsicht erholen oder gesund werden
Schwimmbassin	Schwimmbecken, Bassin ist ein künstliches Wasserbecken
Solotänzer	Ein Tänzer, der allein tanzt.
Steward	Betreuer von Gästen im Flugzeug oder auf einem Schiff; die Betreuerin nennt man Stewardess

Die Konferenz der Tiere

Worterklärungen

Kapitel 7

Änderungsantrag	Antrag auf Änderung des Ablaufes oder der Themen einer Sitzung, Konferenz
Aeroplan	Luftfahrzeug
Debatte	Aussprache im Parlament
Geschäftsordnung	In der Geschäftsordnung wird der Ablauf einer Tagung geregelt.
Mandrill	Affenart, die in Westafrika lebt.

Kapitel 8

Büroschemel	ein Möbelstück zum Sitzen
Feldmarschall	höchster Rang beim Militär
gesiegeltes Schreiben	ein Schreiben, das mit einem Siegel verschlossen ist
Korridor	Flur, verbindet einzelne Zimmer miteinander
Protestnote	schriftlicher Widerspruch oder Einspruch
Referent	arbeitet in einem Büro und ist für eine bestimmte Aufgabe zuständig
Sekretär	Beamter
Staatsarchiv	In einem Archiv werden wichtige Papiere gesammelt. Im Staatsarchiv werden alle Schriftstücke, die für einen Staat wichtig sind, aufbewahrt.

Kapitel 9

Artillerie	mit Geschützen und Kanonen ausgerüstete Soldaten
Artilleristen	Soldaten, die die Geschütze bedienen
fliegende Festung	schwer bewaffnetes Flugzeug
Infanterie	Soldaten, die zu Fuß mit der Waffe kämpfen
Portal	großes Tor, Eingang bei Schlössern oder Kirchen
postieren	aufstellen

Die Konferenz der Tiere

Worterklärungen

Rangabzeichen	Beim Militär gibt es verschiedene Ränge: vom einfachen Soldaten bis zum General. An ihrer Uniform haben sie ein Rangabzeichen, damit jeder Soldat den Rang erkennt. Diese Rangabzeichen gibt es bei allen Organisationen mit einer Uniform.
Regimentsnummer	Regiment ist eine bestimmte Anzahl von Soldaten. Um die Soldaten zuordnen zu können, tragen sie eine entsprechende Nummer.
Stationsvorsteher	Chef einer Bahnstation

Kapitel 10

Atoll	ringförmige Koralleninsel
Firmament	Himmel
Frikassee	Gericht aus kleinen Fleischstücken in Soße
Grotte	Höhle oder Nische im Fels
Makis	Halbaffen
Oase	fruchtbare Stelle mit Wasser und Pflanzen in der Wüste
Pfahlbauten	Häuser stehen auf Holzpfählen, meistens im Wasser
rechtschaffen	anständig, ehrlich
ruinieren	zerstören, zugrunde richten
Ultimatum	In einer bestimmten Zeit soll eine Lösung für ein Problem gefunden werden. Wenn es keine Lösung gibt, droht eine Strafe.

Kapitel 11

Grenzpfähle	Sie zeigen den Verlauf einer Grenze an.

Kapitel 12

Barriere	Schranke, Sperre
ironisch	spöttisch

50 Quizfragen

Kapitel 1

1. Wie heißt der Vetter von Alois' Frau?
2. Wie heißen die Zeichen, mit denen früher Nachrichten übermittelt wurden?
3. Warum ist Oskars Frau wütend?
4. Welchen Spruch sagt Alois immer?
5. Wo nehmen Alois, Leopold und Oskar immer ihren Abendschoppen ein?

Kapitel 2

6. Wie heißt der kleine Neffe von Oskar und was für ein Tier ist es?
7. Wie groß ist Oskars Taschentuch?
8. Welches Tier steckt den Kopf in den Sand?
9. Wie bezeichnet Oskar die Flamingos und Störche?
10. Warum will Oskar die Konferenz einberufen?

Kapitel 3

11. Wen nimmt Oskar mit?
12. Auf welchem Erdteil lebt die Maus?
13. Wie heißt die Eule?
14. Warum wurde Paul noch weißer?

Kapitel 4

15. Was lässt Reinhold vor der Abfahrt zur Konferenz machen?
16. Wie kommen die Tiere zur Konferenz?
17. Was lässt Alois beim Friseur machen?
18. Nenne drei Tiere, die aus dem Bilderbuch verschwinden.
19. Was machte Oskar beim Zahnarzt?

Kapitel 5

20. In welcher Stadt treffen sich die Menschen zur Konferenz?
21. Nenne fünf Räume aus dem Haus der Tiere.
22. Welches Tier ist der Hoteldirektor?
23. Welche Wünsche haben das Krokodil, der Delfin und Reinhold?
24. Wer bringt das Mädchen aus dem bengalischen Dschungel mit?
25. Wen brachte Max mit zur Konferenz?
26. Was webten die Webervögel und die Spinnen?

Kapitel 6

27. Wer paffte eine Zigarre?
28. Wer musste bei der Konferenz am Fenster sitzen?
29. Die wievielte Konferenz ist es in Kapstadt?

Kapitel 7

30. Wer bewachte die Aktenschränke?
31. Wie bezeichnet Oskar die Herren in Kapstadt außer „Aktenfabrikanten" noch?
32. Wer spricht als erstes Tier zu den Menschen?
33. Wer hatte die Idee, dass die Ratten und Mäuse die Akten vernichten?
34. Welchen Namen gibt Alois aus Spaß General Zornmüller?

Kapitel 8

35. Was machten die Motten?
36. Wer hatte die Idee mit den Motten?
37. Warum wurde es plötzlich dunkel in Kapstadt?

Kapitel 9

38. Wie lange dauert die Konferenz der Tiere?
39. Wer ist Schuld, dass alle Kinder entführt werden?
40. Nenne die zwei der drei Gründe, warum es so viel Leid auf der Erde gibt.
41. Nenne zwei Spiele, welche die entführten Kinder mit den Tieren machen.
42. Wer wird der neue Lehrer der Kinder?
43. Wie lautet die Rechenaufgabe, die Hasdrubal nicht lösen kann?

Kapitel 10

44. Wie viel Pfund hat Oskar abgenommen?
45. Nach dem Vertrag mit den Tieren: Welche neuen Waffen erhält die Polizei?
46. Nenne drei Punkte des Vertrages der Tiere mit den Menschen.
47. Was soll das Ziel der Erziehung sein?

Kapitel 11

48. Welchen Spitznamen erhält Zornmüller von dem kleinen Mädchen?
49. Wer kam zu spät zur Konferenz?
50. Wer soll zu Ehren-Erdenbürgern ernannt werden?

50 Quizfragen (Lösungen)

Kapitel 1

1. Wie heißt der Vetter von Alois' Frau? **Hasdrubal**
2. Wie heißen die Zeichen, mit denen früher Nachrichten übermittelt wurden? **Morsezeichen**
3. Warum ist Oskars Frau wütend? **Weil Sie immer das Geschirr abwaschen muss.**
4. Welchen Spruch sagt Alois immer? **Wenn ich nicht so blond wäre, könnte ich mich auf der Stelle schwarz ärgern.**
5. Wo nehmen Alois, Leopold und Oskar immer ihren Abendschoppen ein? **am Tschadsee**

Kapitel 2

6. Wie heißt der kleine Neffe von Oskar und was für ein Tier ist es? **Tapir Theodor**
7. Wie groß ist Oskars Taschentuch? **4 m breit und 4 m lang**
8. Welches Tier steckt den Kopf in den Sand? **Vogel Strauß**
9. Wie bezeichnet Oskar die Flamingos und Störche? **dumme Stelzfüßler**
10. Warum will Oskar die Konferenz einberufen? **Damit es den Kindern besser geht.**

Kapitel 3

11. Wen nimmt Oskar mit? **ein Kind aus Afrika**
12. Auf welchem Erdteil lebt die Maus? **Asien**
13. Wie heißt die Eule? **Ulrich**
14. Warum wurde Paul noch weißer? **Weil er ein heißes Bad im Geysir genommen hat.**

Kapitel 4

15. Was lässt Reinhold vor der Abfahrt zur Konferenz machen? **Er lässt sich die Hufe neu besohlen.**
16. Wie kommen die Tiere zur Konferenz? **Flugzeug, fliegender Teppich, im Wal, Dampfschiff, im Zug, auf dem Eisberg**
17. Was lässt Alois beim Friseur machen? **eine Dauerwelle**
18. Nenne drei Tiere, die aus dem Bilderbuch verschwinden! **Hirsch, Schildkröte, Robbe, Giraffe, Krokodil, Bär**
19. Was macht Oskar beim Zahnarzt? **Er lässt sich den linken Stoßzahn plombieren.**

Kapitel 5

20. In welcher Stadt treffen sich die Menschen zur Konferenz? **in Kapstadt**
21. Nenne fünf Räume aus dem Haus der Tiere. **Hafen, Postamt, Bahnhof, Flughafen, Gefängnis, Waisenhaus, Optikerladen, Kindergarten, Speisesäle, Stellenvermittlung, Konzertsäle, Schwimmbassins, Aufenthaltsräume, Institute, Konservatorium, Akademien, Sanatorium, Raritätenmuseum**
22. Welches Tier ist der Hoteldirektor? **Marabu**
23. Welche Wünsche haben das Krokodil, der Delfin und Reinhold? **Sperlinge – 40 m³ Wasser ablassen – hübsche, bunte Kuh**
24. Wer bringt das Mädchen aus dem bengalischen Dschungel mit? **der Tiger**
25. Wen brachte Max mit zur Konferenz? **den Chinesenjungen**
26. Was webten die Webervögel und die Spinnen? **die Spruchbänder**

Kapitel 6

27. Wer paffte eine Zigarre? **Orang-Utan**
28. Wer musste bei der Konferenz am Fenster sitzen? **Skunk**
29. Die wievielte Konferenz ist es in Kapstadt? **die Siebenundachtzigste**

Kapitel 7

30. Wer bewachte die Aktenschränke? **das Militär**
31. Wie bezeichnet Oskar die Herren in Kapstadt außer „Aktenfabrikanten" noch? **Leitzordner, Tintenkleckser, zweibeinige Büroschemel**
32. Wer spricht als erstes Tier zu den Menschen? **Paul, der Eisbär**
33. Wer hatte die Idee, dass die Ratten und Mäuse die Akten vernichten? **Mickymaus**
34. Welchen Namen gibt Alois aus Spaß General Zornmüller? **Admiral Wutmaier**

Kapitel 8

35. Was machten die Motten? **Sie zerfraßen alle Uniformen**
36. Wer hatte die Idee mit den Motten? **Gustav, das Känguru**
37. Warum wurde es plötzlich dunkel in Kapstadt? **durch die Mottenwolken**

Kapitel 9

38. Wie lange dauert die Konferenz der Tiere? **vier Tage**
39. Wer ist Schuld, dass alle Kinder entführt werden? **die Menschen**
40. Nenne die zwei der drei Gründe, warum es so viel Leid auf der Erde gibt. **die Akten, die Uniformen und die Menschen**
41. Nenne zwei Spiele, welche die entführten Kinder mit den Tieren machen. **Blinde Kuh, huckepack reiten, schwimmen, klettern, Schnelle Post**
42. Wer wird der neue Lehrer der Kinder? **Hasdrubal**
43. Wie lautet die Rechenaufgabe, die Hasdrubal nicht lösen kann? **Wie viel ist 3 × 4?**

Kapitel 10

44. Wie viel Pfund hat Oskar abgenommen? **400 Pfund**
45. Nach dem Vertrag mit den Tieren: Welche neuen Waffen erhält die Polizei? **Pfeil und Bogen**
46. Nenne drei Punkte des Vertrages der Tiere mit den Menschen. **Grenzpfähle und Grenzwachen werden beseitigt, das Militär und alle Schuss- und Sprengwaffen abgeschafft, die Polizei wacht darüber, dass die Wissenschaft und Technik nur im Dienst des Friedens steht, Büros sind für die Menschen da, die bestbezahlten Beamten werden die Lehrer**
47. Was soll das Ziel der Erziehung sein? **Trägheit des Herzens überwinden**

Kapitel 11

48. Welchen Spitznamen erhält Zornmüller von dem kleinen Mädchen? **Schlaumeier**
49. Wer kam zu spät zur Konferenz? **Fridolin**
50. Wer soll zu Ehren-Erdenbürgern ernannt werden? **Oskar, Alois, Leopold**

Lösungen zu den einzelnen Kapiteln

Kapitel 1 (S. 83)

1. Fülle den Lückentext aus.

Alois, Leopold und Oskar sprechen über die Menschen. Leopold beschreibt, was sie alles können.
Sie können   **tauchen**   wie **Fische**
                laufen   wie **Löwe, Giraffe, Elefant**
                segeln   wie **Enten**
                klettern wie **Gämsen**
                fliegen   wie **Adler**

Alois wirft den Menschen vor, dass sie nur **Kriege, Revolutionen, Streiks, Hungersnöte** und **neue Konflikte** hervorbringen.

Deshalb müsste etwas geschehen, vor allem **für die Kinder**.
Zu Hause lesen sie die Zeitungen. Vier Jahre nach dem Zweiten Weltkrieg gibt es **Tausende von Kindern, die nicht wissen, wo ihre Eltern sind, hat sich die Zahl von Flüchtlingen, vorwiegend Greise und Kinder, erhöht, gibt es Gerüchte von einem neuen Krieg.**

Kapitel 2 (S. 84)

1. Welche Tiere kommen in diesem Kapitel neu hinzu?
Schreibe ihre Namen unter die passenden Bilder (S. 85).
Eisbär Paul, Kamel Julius, Eule Ulrich, Känguru Gustav, Giraffe Leopold, Elefant Oskar, Löwe Alois, Tapir Theodor, Schnecke Minna, Regenwurm Fridolin, Maus Max, Stier Reinhold

2. Welche Aussage ist richtig? Kreuze sie an.

a)   Oskars Idee ist, er will
     ☐ *die Menschen endlich vertreiben*   ☐ *einen Krieg gegen die Menschen führen*
     ☒ *eine Konferenz abhalten*   ☐ *sich bei den anderen Tieren ausweinen*

b)   Die anderen Tiere finden die Idee   ☐ *super*   ☒ *merkwürdig*
                                               ☐ *irre gut*   ☐ *aufregend*

c)   Sie wollen   ☐ *nichts davon wissen*   ☒ *sich nicht blamieren*
                   ☐ *lieber weiter nur schimpfen*   ☐ *die Menschen ärgern*

3. Schreibe alle Wörter, die auf S. 16 und 17 einen doppelten Konsonanten haben, in die Tabelle. (Hilfe: Es sind insgesamt 22 Wörter.)

ff	Treffpunkt, pfiff
ll	still, brüllte, völlig, sollen
mm	taubstumm, versammeln, brummte, dumme
nn	trennen, donnerte, denn, dann
pp	klapperten
rr	schnarrte
ss	bisschen, passt, müssen, musste
tt	schnatterten, Gattungen

Kapitel 3

1. Markiere farbig alle Tiernamen! (Hilfe: 23 Tiere)

B		K	P	A	P	A	G	E	I		R		H		
R		A	S	T	R	A	U	S	S		E	M	U		P
I		E	C			K					N		N		O
E	T	N	H		R	A					T		D		L
F	I	G	W	I	E	S	E	L			I				A
T	N	U	A		G		F				E				R
A	T	R	L		E		E		F	R	O	S	C	H
U	E	U	B		N		R								U
B	N		E		W			P	I	N	G	U	I	N
E	F				U						A				D
	I		H	I	R	S	C	H			Z				
	S			M	O	E	W	E		Z	E	B	R	A
	C	K	O	L	I	B	R	I			L				F
	H	A	N	T	I	L	O	P	E		L				F
K	A	K	A	D	U			S	C	H	N	E	C	K	E

2. Die Tiere bereiten sich auf die Reise vor.
Wer geht wohin und was lässt er dort machen?

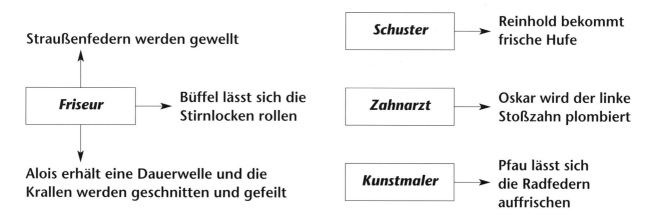

3. Ordne die Tiere den Verben zu, die ihre Tierstimme genau beschreiben!

Affen	*schreien.*	Käfer	*summen.*
Bären	*brummen.*	Kolibris	*zirpen.*
Elefanten	*trompeten.*	Möwen	*gellen.*
Frösche	*quaken.*	Papageien	*plappern.*
Hirsche	*röhren.*	Pferde	*wiehern.*
Hunde	*bellen.*	Spechte	*klopfen.*
Katzen	*miauen.*	Vögel	*zwitschern.*

Kapitel 4

1. Was nehmen die Tiere alles zu essen mit? Löse dazu die Geheimschrift.

M o o s   F l e i s c h   M a i s   F i s c h   E i e r

2. Setze die drei Wörter in Geheimschrift um.

H a f e r   W a b e n h o n i g   B r a t h ü h n c h e n

3. Schreibe alle Bilderbuchtiere auf, die verschwinden! (S. 41)

Giraffe, Seeschildkröte, Krokodil, Seehund, Bär, Hirsch

Kapitel 5

2. Der Marabu erfüllt die Wünsche seiner Gäste.

Reinhold will	Max will	Leopold will	Schmetterling will	Krokodil will	Delfin will
bunte, hübsche Kuh	Mauseloch	zwei übereinander liegende Zimmer	frische, unbekannte Blumen	Sperlinge	Bassinzimmer

3. Fünf Tiere bringen fünf Kinder aus fünf Kontinenten mit. Fülle die Tabelle aus!

Tier	Eisbär	Giraffe	Maus	Tiger	Shetlandpony
Kind	Eskimomädchen	schwarzer Junge	chinesischer Junge	braunhäutiges Mädchen	blonder Junge
Kontinent	Amerika/Arktis	Afrika	Asien	Asien	Europa

Kapitel 6

Paul fordert im Namen der Tiere von den Menschen: ***Wir verlangen einstimmig, dass es nie wieder Krieg, Not und Revolutionen geben darf.***

Kreuzworträtsel

1		S	K	U	N	**K**				
2	E	I	C	H	H	**O**	E	R	N	C	H	E	N
3				P	A	**N**	D	A		
4		S	E	E	P	**F**	E	R	D	C	H	E	N
5			E	S	**E**	L				
6				L	U	**R**	C	H		
7		F	L	E	D	**E**	R	M	A	U	S
8			O	R	A	N	**G**	–	U	T	A	N
9						**Z**	E	B	R	A

Kapitel 7

Wenn du die Seiten gelesen und verstanden hast, kannst du den Lückentext problemlos ausfüllen.

General **Zornmüller** besuchte die Tiere und gab ihnen die **Protestnote** der Kapstadter Konferenz.
In dem Schreiben stand, dass die Tiere **sich nicht einmischen sollen**.
Darüber war Oskar sehr **wütend**.
Bevor sie sich gute Nacht sagten, schauten Paul, Alois und Oskar nach **den fünf Kindern**.
Oskar war böse auf die Herren in Kapstadt. Er bezeichnete sie als **Aktenfabrikanten, Tintenkleckser, Leitzordner, zweibeinige Büroschemel**.
Da hatte **Mickymaus** eine Idee. **Mäuse** und **Ratten** zerknabberten alle **Papiere/Akten**.
Alois sprach: „Eure **Akten** waren eurer **Vernunft** im Wege. Es **geht um die Kinder**!"
Die Staatsmänner ließen aber **Kopien** der vernichteten Akten aus den **Staatsarchiven** kommen. Die Aktenschränke wurden vom **Militär** bewacht.

Kapitel 8

1. Lies dir den Buchtext genau durch, dann fülle den Lückentext aus.

Gustav, das Känguru, hatte die zweite Idee, als die **Motte** gegen die Lampe flog.
Ein Mottenschwarm schwirrte durch die Luft und zerfraß alle **Uniformen**.
Reinhold sagte: „Eure **Uniformen** stehen der **Einigkeit** und der **Vernunft**
im Wege. Es **geht um die Kinder**."

2. In unserem Buch stehen viele zusammengesetzte Nomen. Zerlege sie in ihre einzelnen Bestandteile.

> das Kunststück = die Kunst + das Stück
> das Wagenfenster = der Wagen + das Fenster
> der Reiseproviant = die Reise + der Proviant
> der Sonntagsanzug = der Sonntag + s + der Anzug
> das Hosenbein = die Hosen + das Bein
> der Zahnarzt = der Zahn + der Arzt
> das Rangabzeichen = der Rang + das Abzeichen
> der Fingernagel = der Finger + der Nagel
> der Staatsmann = der Staat + s + der Mann
> das Konferenzgebäude = die Konferenz + das Gebäude

Kapitel 9

1	J	U	L	I	U	S					
2	O	S	K	A	R						
3	V	I	E	R							
4	K	I	N	D	E	R					
5	S	C	H	R	E	C	K	E	N	S	T	A	G
6	S	T	A	A	T	S	M	A	E	N	N	E	R
7	S	E	C	H	S						
8	K	A	P	S	T	A	D	T			
9	G	U	T								
10	H	A	S	D	R	U	B	A	L		

Kapitel 10

1. Lies dir den Buchtext genau durch und fülle danach den Lückentext aus.

Die Staatsmänner mussten den Vertrag mit den Tieren unterschreiben.
Es gibt
a) keine **Grenzen** b) keine **Waffen**
c) keine **Kriege** d) keine **Mordwissenschaften** mehr.

Die Polizei achtet darauf, dass **Wissenschaft und Technik ausschließlich im Dienst des Friedens stehen.**
Die Büros und Beamten sind **für die Menschen da.**
Die Lehrer werden die bestbezahlten Beamten, weil die Erziehung **die höchste und schwerste Aufgabe** ist.
Das Ziel der Erziehung ist: **Es gibt keine Trägheit des Herzens mehr!**

Kapitel 11

1. Welche Aussage ist richtig? Unterstreiche sie farbig.

1. Ein junges Mädchen gibt Herrn Zornmüller einen neuen Namen:
   Wutmaier   **Schlaumeier**   Blödmeier   Hausmaier

2. Oskar hat   500 Pfund abgenommen   400 kg abgenommen
   400 Pfund zugenommen   **400 Pfund abgenommen**

3. Alois, Oskar, Leopold sitzen   in Kapstadt   **am Tschadsee**
   in London   zu Hause

4. Eine neue Straße soll benannt werden:
   Oskarstraße   Paulstraße   **Leopoldstraße**   Aloisstraße

5. In Südaustralien kommt   **Fridolin aus der Erde**   springt das Känguru umher
   landet der Pinguin   lacht eine Schildkröte

III. Anhang

1. Kinderbücher

Als ich ein kleiner Junge war
Arthur mit dem langen Arm
Das doppelte Lottchen
Das fliegende Klassenzimmer
Das Schwein beim Friseur
Das verhexte Telefon
Der 35. Mai oder Konrad reitet in die Südsee
Der kleine Mann
Der kleine Mann und die kleine Miss
Der gestiefelte Kater
Des Freiherrn von Münchhausen wunderbare Reisen und Abenteuer zu Wasser und zu Lande
Die Konferenz der Tiere
Die Schildbürger
Emil und die Detektive
Emil und die drei Zwillinge
Gullivers Reisen
Leben und Taten des scharfsinnigen Ritters Don Quichotte
Pünktchen und Anton

2. Verfilmungen der Kinderbücher in Deutschland

erhältlich als VHS und DVD

Emil und die Detektive. Regie: Gerhard Lamprecht. 1930
Emil und die Detektive. Regie: R. A. Stemmle. 1954
Emil und die Detektive. Regie: Franziska Buch. 2001

Das doppelte Lottchen. Regie: Josef von Baky. 1950
Charlie und Louise/Das doppelte Lottchen. Regie: Joseph Vilsmeier. 1994

Pünktchen und Anton. Regie: Thomas Engel. 1953
Pünktchen und Anton. Regie: Caroline Link. 1998

Das fliegende Klassenzimmer. Regie: Kurt Hoffmann. 1954
Das fliegende Klassenzimmer. Regie: Werner Jacobs. 1973
Das fliegende Klassenzimmer. Regie: Tomy Wiegand. 2002

Münchhausen. Regie: Josef von Baky. 1943

3. Audio-CD

Musikkassetten	CDs
Als ich ein kleiner Junge war Das doppelte Lottchen Das fliegende Klassenzimmer Der kleine Mann Der kleine Mann und die kleine Miss Die Konferenz der Tiere Emil und die Detektive Emil und die drei Zwillinge Pünktchen und Anton	Als ich ein kleiner Junge war Das doppelte Lottchen Das Schwein beim Friseur Die Konferenz der Tiere Emil und die Detektive Emil und die Detektive, 3 CDs Emil und die Detektive, Musical Pünktchen und Anton

4. Kleine ausgewählte Literaturliste

Abraham, Ulf/Beisbart, Ortwin/Koß, Gerhard/Marenbach, Dieter: Praxis des Deutschunterrichts. Donauwörth 1998

Enderle, Luiselotte: Erich Kästner. Bildmonographie. Reinbek 1966

Görtz, Franz-Josef (Hg.): Erich Kästner. Werke. 9 Bände. Frankfurt a. M. 1999

Haas, Gerhard: Das Tierbuch. In: Lange, Günter (Hrsg.): Taschenbuch der Kinder- u. Jugendliteratur. Baltmannsweiler 2000

Hanuschek, Sven: Keiner blickt dir hinter das Gesicht – Das Leben Erich Kästners. München/Wien 1999

Kordon, Klaus: Die Zeit ist kaputt. Die Lebensgeschichte des Erich Kästner. Weinheim 1994

List, Sylvia: Das große Erich Kästner Lesebuch. München 1999

Lutz-Kopp, Elisabeth: „Nur wer Kind bleibt ..." Erich Kästner. Verfilmungen. Frankfurt a. M. 1993

Menzel, Wolfgang: Spiel ist das Vergnügen, sich selber auszuloten. In: Spielzeit, Spielräume in der Schulwirklichkeit. Friedrich Jahresheft XIII 1995

Mounier, Barbara: Das fliegende Klassenzimmer – Filmheft. In: IKF (Hrsg.). Köln 2003

Schikorsky, Isa: Erich Kästner. 2. Aufl., München 1999

Schill, Wolfgang: „Unternehmen Emil". 2. erw. Aufl., Berlin 2001

Schneyder, Werner: Erich Kästner – ein brauchbarer Autor. München 1982

Sommermann-Hupp, Brigitte/Vilgertshofer, Rainer: Medienerziehung in der Schule. In: Pädagogische Welt. 10/1996

Tornow, Ingo: Erich Kästner und der Film. München 1989

5. Hilfreiche Adressen

Erich Kästner Museum
Antonstraße 1
01097 Dresden
Tel.: 03 51/8 04 50 86
Fax: 03 51/8 04 50 87
info@erich-kaestner-museum.de

Erich-Kästner-Gesellschaft e. V.
Schloss Blutenburg
81247 München
Tel.: 0 89/89 12 11 41
www.paroleemil.de
E-Mail: S.Eckert@paroleemil.de

Erich-Kästner-Kinderdorf e. V.
Steinmühle
97516 Oberschwarzach
www.erich-kaestner-kinderdorf.de
E-Mail: steinmuehle@erich-kaestner-kinderdorf.de

6. Internet-Adressen

http://www.erich-kaestner-museum.de
http://www.kaestnerfuerkinder.net/etc.php
http://www.kaestner-im-netz.de
http://www.ekg.gp.bw.schule.de/kaestner/buecher/index.htm
http://www.ekg.gp.bw.schule.de/kaestner/k_filme.htm
http://www.zlb.de/projekte/kaestner/start.htm (zum Film „Emil und die Detekive")
http://www.film-kultur.de
http://www.erich-kaestner-bibliothek.de
http://www.erich-kaestner-ausstellung.de
http://www.paroleemil.de

7. Bildnachweis

S. 22 Ida und Emil Kästner, Kästner im Alter von acht Jahren, Kästner, der Katzenfreund: Fotoarchiv Erich Kästner, RA Beisler, München. Alle Rechte vorbehalten.
Kästners Geburtshaus in Dresden und Gedenktafel: Gerd Cichlinski.

S. 23 Kästner mit Erich Ohser, Mutter und Sohn beim Wandern: Fotoarchiv Erich Kästner.
Dresden 1945: Verlagsarchiv.
Kästner-Denkmal in Dresden: Gerd Cichlinski.

S. 24 Königsbrücker Straße: Gerd Cichlinski.
Kästners Zeugnis 1911/12: Dt. Literaturarchiv Marbach a. N.

8. Liednachweis

Mein kleiner grüner Kaktus. Dt. Text: Hans Herda. Musik: Bert Reisfeld/Albrecht Marcuse. Satz: Erich Unterholzner.
Viele kleine Leute. Text: Afrikanisches Sprichwort. Musik: Detlev Jöcker. Aus: Das Liederbuch zum Umhängen 1. © Menschenkinder Verlag u. Vertrieb GmbH, Münster.

Praxiserprobt und kreativ: Materialien von Auer!

Für einen kreativen Deutschunterricht!

Gerd Cichlinski
Goethe für Kinder!
Unterrichtsideen für Kinder ab 9 Jahren
104 S., DIN A4, kart.
Best.-Nr. **3666**

Viel Wissens- und Lesenswertes zu Person und Werk des großen Dichters Johann Wolfgang von Goethe, aufbereitet für Kinder des 3. und 4. Schuljahres! Mit Hilfe der erfolgreich erprobten Materialien setzen sich die Kinder intensiv mit dem Klassiker auseinander. Vielfältige Herangehensweisen und Themen garantieren einen abwechslungsreichen Deutschunterricht. Lebendige Anregungen rund um Goethe, die Kinder neugierig machen!

Almuth Bartl
Viele klitzekleine Spielideen für den Deutschunterricht
Für die Grundschule
64 S., kart.
Best.-Nr. **4250**

Klitzekleine Spielideen mit großem Lerneffekt!

Diese Spiele lockern den Deutschunterricht auf und bringen Schülerinnen und Schüler in Fahrt! In ihrem neuen Buch zeigt die Bestsellerautorin Almuth Bartl, wie man spielerisch und im Handumdrehen wichtige Lerninhalte vermitteln kann.
Durch abwechslungsreiche Ideen wie Buchstabenrätsel, Spiele zur Grammatik, zum Lesen und zum Rechtschreiben sowie andere spritzige Einfälle rund um den Deutschunterricht bringen Sie wieder frischen Wind in den Schulalltag!

Karl Walter Kohrs
Zauberhafte Unterrichtsideen mit Harry Potter
Materialien und Kopiervorlagen zum Band „Harry Potter und der Stein der Weisen" für das 3. und 4. Schuljahr
84 S., DIN A4, kart.
Best.-Nr. **3627**

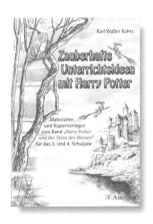

Versetzen Sie Ihre Schüler/-innen in die fantastische Welt der Magier und Muggels und das Lesen wird für alle zum unvergesslichen Erlebnis! Mit Hilfe abwechslungsreicher Aufgaben und Arbeitsformen erarbeiten sich die kleinen Leseratten jedes Kapitel des Kinderbuchs. Zahlreiche kreative Aufgaben machen den Kids Spaß und lassen sie in die Welt des Zaubers abtauchen. Weitere Kopiervorlagen mit Differenzierungsangeboten fördern das Leseverständnis und nehmen Ihren Schüler/-innen die Angst vor umfangreichen Werken. Alle Kinder können sich selbst kreativ einbringen. So leicht war Leseförderung noch nie! Also ab in die Zauberwelt nach Hogwarts!

Auer BESTELLCOUPON Auer

Ja, bitte senden Sie mir/uns

___ Expl. Gerd Cichlinski
Goethe für Kinder!   Best.-Nr. **3666**

___ Expl. Karl Walter Kohrs
**Zauberhafte Unterrichtsideen
mit Harry Potter**   Best.-Nr. **3627**

___ Expl. Almuth Bartl
**Viele klitzekleine Spielideen
für den Deutschunterricht**   Best.-Nr. **4250**

mit Rechnung zu.

Bequem bestellen direkt bei uns:
Telefon: 0180/5 34 36 17
Fax: 09 06/7 31 78
E-Mail: info@auer-verlag.de

Bitte kopieren und einsenden an:

**Auer Versandbuchhandlung
Postfach 11 52
86601 Donauwörth**

Meine Anschrift lautet:

_____
Name/Vorname

_____
Straße

_____
PLZ/Ort

_____
E-Mail

_____
Datum/Unterschrift

Das große Erich-Kästner-Würfelspiel

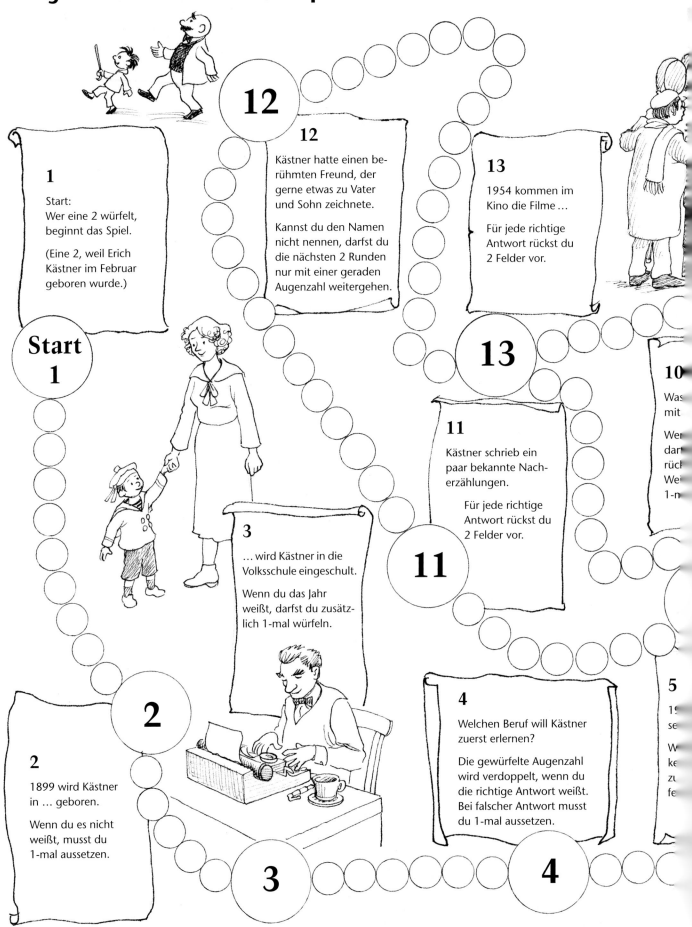

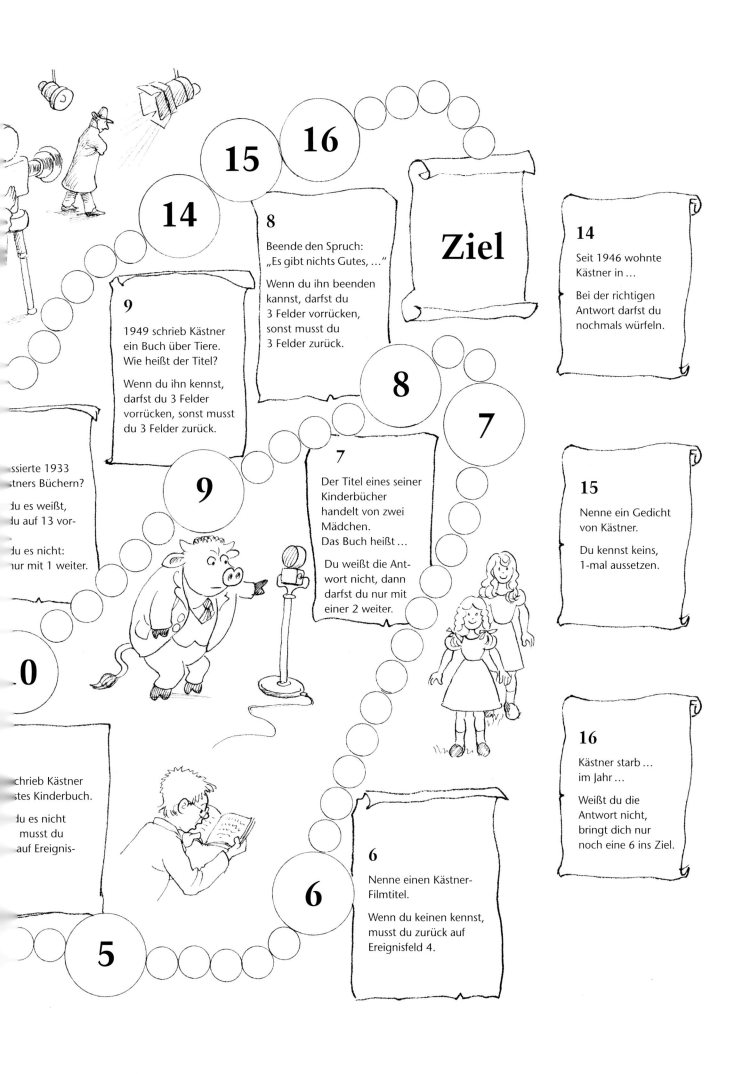